Erich Pu
Freundsch

Erich Purk

Freundschaft

Der spirituelle Fastenbegleiter

kbw bibelwerk

www.bibelwerk.de

ISBN 978-3-460-27126-5

Umschlag: Finken & Bumiller, Stuttgart
Satz und Repro: Satz & mehr, Besigheim
Druck und Bindung: Ludwig Auer GmbH, Donauwörth

Inhalt

Vorwort

Freundschaft ist wie ein Schlüssel, der uns die Erfahrung von Treue und Vertrauen erschließt. Und wenn um Mitternacht der Freund anklopft und um Brot bittet, würden wir, wie im Evangelium berichtet (Lk 11,5-8), die Tür öffnen. „Für einen treuen Freund gibt es keinen Preis, nichts wiegt seinen Wert auf. Das Leben ist geborgen bei einem treuen Freund, ihn findet, wer Gott fürchtet" (Sir 6,15-16). So preist die Bibel die Freundschaft. Freundschaft ist ein hohes Gut und nie selbstverständlich. Verwandte hat man durch Geburt. Freunde und Freundinnen wählt man oder man bekommt sie geschenkt. Man kann sie für keinen Preis in der Welt erwerben.

Die Sehnsucht nach Freundschaft wächst. Jeder fünfte Bürger in unserem Land klagt, dass er sich einsam fühlt. Eine Flugverbindung von Frankfurt nach Kuwait kann man „last minute" buchen. Eine ICE-Verbindung zwischen Hamburg und München – jederzeit. Eine E-Mail per Internet nach Tokio zu schicken, ist gratis. Aber eine menschliche Verbindung ist meist nicht möglich. Wir treffen uns oft, aber begegnen uns nur selten.

Freundschaften stehen hoch im Kurs, weil sie krisenbeständige Wege sind für ein geglücktes Zusammenleben. Zu viele Ehen scheitern. Die Freundschaft aber bewahrt viele vor der Vereinzelung und Einsamkeit. Freundschaften bekommen heute immer größere gesellschaftliche Bedeutung. Sie sind nicht nur Privatangelegenheit. Sie sind weltweit die kreativste Weise, um Wege der Begegnung und des Zusammenlebens für die Menschheitsfamilie zu erschließen. Freundschaften helfen, eine zukunftsfähige Kultur des gesellschaftlichen Lebens zu gestalten.

Gott hat uns die Sehnsucht nach Freundschaft und Liebe ganz tief ins Herz geschrieben. Diese Sehnsucht ist die charmante Art Gottes, sich bei uns in Erinnerung zu halten. Wo zwei Menschen ihre Freundschaft zur Entfaltung bringen, öffnet sich diese Freundschaft auf einen Dritten hin. In der Sehnsucht nach Liebe und Freundschaft überschreiten wir unsere Begrenzungen. Wir sehnen uns nach einer vollkommenen Freundschaft, die menschliche Freundschaft nie erreicht. „Unruhig ist unser Herz."

Christliche Denker und Theologen haben die Freundschaft immer als einen Ort der Christusbegegnung gedeutet. Jesus will wie ein Freund den Menschen begegnen. Auch Gott nennt sich „Freund des Lebens“ (Weish 11,26).

Freundschaft als Beispiel der Christus- und Gottesbegegnung? Viele haben so ihren Glauben verstanden. Ist das nicht wunderbar? Alles, was wir über Freundschaft unter Menschen sagen, gilt auch für unsere Begegnung mit Christus. Denn Jesus sagt: „Ich nenne euch nicht mehr Knechte, sondern meine Freunde“ (vgl. Joh 15,15).

Eigentlich können wir über Freundschaft nur reden, wenn wir ein zweites Wort hinzufügen: Gastfreundschaft. Während Freundschaft den Blick auf den persönlichen Freund lenkt, schließt Gastfreundschaft auch den Fremden ein. Die Fastenzeit soll uns gerade neu befähigen, die Not der anderen wahrzunehmen und gastlich zu handeln. Was Benedikt in seiner Regel über die Gastfreundschaft sagt, ist ein wunderbares Zeugnis christlichen Verhaltens gegenüber Fremden und Heimatlosen: „Vor allem bei der Aufnahme von Armen und Fremden zeige man Eifer und Sorge, denn besonders in ihnen wird Christus aufgenommen. Das Auftreten der Reichen verschafft sich ja von selbst Beachtung“ (RB 53).

Man kann von einer „Spiritualität der Freundschaft“ sprechen. Durch alle Jahrhunderte hindurch geben Menschen Zeugnis von ihrer intimen, freundschaftlichen Beziehung zu Gott und zu Christus. „Wer aber bei Gott eintaucht, taucht beim Menschen wieder auf.“

„O Seele, suche dich in Mir, und Seele, suche Mich in dir!“, spricht Gott zu jedem, meint Theresia von Avila. Wer Gott oder Jesus als Freund entdeckt hat, hat einen Gesprächspartner gefunden. Ihm kann man alles sagen. Und wenn man gut zuhört, gibt er auch Antwort. In Krisenzeiten, wenn man meint, alle haben einen im Stich gelassen, dann ist er die gute Adresse, der Freund, der treu ist. Ich wünsche uns allen, dass wir in Krisenzeiten sagen können: „Ich habe einen verlässlichen Freund gefunden.“

Pater Erich Purk

Freundschaft

1. Tag

Quellen der Freundschaft neu entdecken

Wort der Schrift „Die ganze Welt ist vor dir wie ein Stäubchen auf der Waage, wie ein Tautropfen, der am Morgen zur Erde fällt. Du hast mit allen Erbarmen, weil du alles vermagst, und siehst über die Sünden der Menschen hinweg, damit sie sich bekehren. Du liebst alles, was ist, und verabscheust nichts von allem, was du gemacht hast; denn hättest du etwas gehasst, so hättest du es nicht geschaffen. Wie könnte etwas ohne deinen Willen Bestand haben, oder wie könnte etwas erhalten bleiben, das nicht von dir ins Dasein gerufen wäre? Du schonst alles, weil es dein Eigentum ist, Herr, du Freund des Lebens" (Weish 11,22-26).

Wort in den Tag Aschermittwoch ist für mich in jedem Jahr eine Herausforderung. Die Masken sind abgelegt, die tollen Tage des Karnevals vorbei. Das Aschenkreuz, das ich empfange, jagt mir keine Angst ein, sondern sagt: Das Alte ist im Feuer verbrannt, Neues darf wachsen. „Bekehret euch!" – „metanoeite" – wörtlich übersetzt: „Beginnt ein neues Denken!" Die Fastenzeit möchte ich als Einladung verstehen, dass ich den Trott und die Lähmung überwinde und darauf vertraue, dass sich auch bei mir etwas ändern lässt. Diese Bereitschaft, aufzubrechen und die Bequemlichkeit zu überwinden, ist wichtig.
Die 40 Tage der Fastenzeit will ich nutzen, um meinen Standort neu zu bestimmen. Ich möchte überprüfen, welche Gewohnheiten sich eingeschlichen haben und welchen Einflüssen ich ausgesetzt bin. Diese „Révision de vie" öffnet mir Türen, um lebendiger zu werden. Es muss noch Leben ins Leben ...
In diesem Jahr möchte ich über Freundschaft nachdenken. Sie ist keine nebensächliche Erfahrung in unserem Leben. Sie prägt unser Heranwachsen und ist zur Entfaltung unserer Anlagen notwendig. Wir werden nicht als Einsiedler erschaffen, sondern als Menschen, die aus der Begegnung von Mann und Frau entstehen, die in einer Familie und Gemeinschaft aufwachsen. In jedem von uns ist die Sehnsucht nach Freundschaft tief verwurzelt.

„Du, mein Freund – Du, meine Freundin!" sind besonders schöne und wichtige Worte in meinem Leben. Nur in Beziehungen gelingt mein Leben. Auch mein Glaube ist Beziehung. Jesus hat immer wieder zu den Jüngern gesagt: „Ihr seid meine Freunde!" Ich finde es großartig, dass alles, was über die freundschaftliche Beziehung zu Menschen gesagt werden kann, auch die Beziehung zu Gott und zu Jesus Christus klären und deuten kann. Kann man Gott einen schöneren Namen geben als „Du Freund des Lebens"?

Zum Beispiel *Schülerfreundschaft*

„Streng verboten!" Der Schulrektor hatte es noch einmal in den Klassen verkünden lassen. Streng verboten war das Fußballspielen auf dem Schulhof. Das reizte uns. Hans und ich spielten „Billard" an der Hauswand auf dem Schulhof. Mit Wucht trat ich den Ball. Der knallte in die Fensterscheibe. Wir schlichen davon.

Am nächsten Morgen ging der Rektor durch die Klassen. „Wer hat gestern auf dem Schulhof Fußball gespielt?" Zuerst meldete sich keiner. Dann schaute Hans mich an und wir meldeten uns beide. Der Blick des Rektors ließ mich erstarren. „Und wer von euch beiden hat die Scheibe zertrümmert?" Sofort meldete sich Hans. Das war doch nicht wahr! Wollte er für mich eintreten? Ich meldete mich auch. Beide erhielten wir unsere Strafe, mussten die Scheibe ersetzen und unsere Eltern wurden informiert. Kein großes Ereignis im Leben eines Schülers. Aber für mich war es die erste, wichtige Erfahrung, was Freundschaft heißt. Dass Hans sich spontan meldete und die Schuld an meiner Stelle auf sich nehmen wollte, hat mich stark beeindruckt. Dass ich mit dem Schutz von Vater und Mutter rechnen durfte, war für mich selbstverständlich. Dass wir als Geschwister zusammenhielten, wenn Gefahr von draußen drohte, nahm ich fest an. Aber dass ein Freund solchen Mut aufbringt, um seinen Freund zu entlasten, das war eine ganz neue Erfahrung. Dieses Ereignis war wichtig für meinen Glauben an Freundschaft und Liebe.

2. Tag

Wahre Freundschaft

Wort der Schrift „Ein treuer Freund ist wie ein festes Zelt; wer einen solchen findet, hat einen Schatz gefunden. Für einen treuen Freund gibt es keinen Preis, nichts wiegt seinen Wert auf. Das Leben ist geborgen bei einem treuen Freund, ihn findet, wer Gott fürchtet. Wer den Herrn fürchtet, hält rechte Freundschaft, wie er selbst, so ist auch sein Freund" (Sir 6,14-17).

Wort in den Tag Freundschaft ist ein hohes Gut und nie selbstverständlich. Verwandte hat man durch Geburt. Freunde wählt man oder bekommt man geschenkt. Man kann sie für keinen Preis in der Welt erwerben oder einkaufen. Freundschaft ist immer ein kostbares Geschenk.

Wir werden in Beziehungen hineingeboren und wachsen an ihnen. Durch Menschen, die uns lieben und die wir lieben, aber auch durch Freunde und Freundinnen, die uns durch das Leben begleiten, entfalten wir unser Selbstwertbewusstsein. Ein Freund ist ein Mensch, vor dem man laut denken darf. Er kennt uns genau und bleibt dennoch bei uns. Für mich ist die folgende Deutung von Freundschaft eine gute Interpretation, weil die Intimität und Vertraulichkeit der Freunde angedeutet wird: „Ein guter Freund ist jemand, der dich an die Melodie deines Lebens erinnert, wenn du in Gefahr bist, sie zu vergessen." Es gibt viele Worte, die die Freundschaft deuten: „Ein guter Freund ist jemand, der nach deiner Hand greift, aber dein Herz berührt."

Was aber ist Freundschaft? Freundschaft ist eine menschliche Beziehung, die von Wohlwollen geprägt ist. Sie wird freiwillig geschenkt. Die Anteilnahme am Leben des Freundes ist unerzwungen. Grundlagen der Freundschaft sind Sympathie und Vertrauen. Ein Freund ist treu und solidarisch. Auf ihn kann man sich zu jeder Zeit verlassen. Er wahrt die Diskretion. Er kann schweigen. Der echte Freund wird den anderen nicht zu seinem eigenen Nutzen missbrauchen.

Freundschaft gehört zu den Grundlagen und fundamentalen Erfahrungen unseres Lebens. Es ist ein „Wurzelwort", wie Isabella Schneider schreibt:

Freundschaft

Wort mit vielen Wurzeln
aus Lachen
und aus Einsamsein
mit offenen Wunden
neuen Trieben
dem
was vor allem Sprechen
in dunkler Erde
still verborgen
reift

Freundschaft
großes Wurzelwort
und vielleicht auch
nicht nur
der Vorname
der Liebe

Isabella Schneider

Zum Beispiel *Die Frau an der Tür*

Meine Mutter hatte gerade das Altenheim bezogen, da sah ich sie zum ersten Mal: die Frau an der Tür.

In ihrem Rollstuhl saß sie, gestützt von Kissen, mit einer Decke umhüllt, und sah unverwandt zur Eingangstür. Es war eine dieser Türen, die sich automatisch öffnen und schließen, wenn jemand hindurch will. Sie ging auf und wieder zu; auf und zu ... Viele Male am Tag. Die Frau saß nur da und schaute unverwandt zur Tür. Auf und zu ....

Von nun an sah ich sie täglich. Immer, wenn ich meine Mutter besuchte, sah ich sie da sitzen. Sie saß einfach da, meist stumm; nur manchmal erwiderte sie einen Gruß.

Seit Monaten beobachtete ich sie. Mit Erstaunen ob ihrer Ausdauer. Sogar die Mahlzeiten wurden ihr gereicht, sodass sie ihren „Stammplatz“ nicht verlassen musste. Irgendwann wurde ich neugierig und fragte bei der Heimleitung nach. „Sie wartet auf ihre Freundin“, war die erklärende, nüchterne Antwort.

Und dann sah ich diese Freundin: eine kleine, hutzelige Frau, alt und in ärmlicher Kleidung; die Beine dick geschwollen, wackelig war ihr Gang und mühsam, aber in ihrem Gesicht waren zwei wache, lustige Augen und ihre Wangen leuchteten wie frisch gepflückte herbstliche Äpfel: rot, rund und knackig.
Gemeinsam saßen nun beide da. Zwei Frauen, die eine nun nicht mehr den Blick zur Tür gewandt. Sie saßen einfach nur da, einfach und ganz selbstverständlich. Manchmal erzählten sie sich was, manchmal neckten sie sich auch und manchmal schwiegen sie auch nur, stumm und sich an den Händen haltend, saßen nebeneinander. Viele Stunden lang.
Manchmal, an Markttagen, brachte die Freundin einen Blumenstrauß mit, nicht einen von diesen edlen gebundenen üppigen Sträußen, sondern einen kleinen, bestückt mit Feldblumen oder Blumen aus Bauerngärten, wie sie nur auf dem Wochenmarkt verkauft werden. Preiswert, aber wahrscheinlich noch viel zu teuer für die kleine ärmlich gekleidete Frau. Eine Kostbarkeit.
Viele Jahre ging das so, jeden Tag das gleiche Spiel. Vertraut und selbstverständlich das gleiche Bild: eine, die wartet, und eine, die kommt. Verlässlich wie ein Uhrwerk. Die eine in Erwartung der anderen und die andere in der Gewissheit, erwartet zu werden. Ein Gleichklang an Zuwendung, ein selbstloses Zeugnis aufrichtiger Freundschaft, zwei Leben, abgestimmt aufeinander.
Eines Tages war ihr Platz leer. Die Frau war gestorben. Ein vertrautes Bild ist plötzlich in Unordnung geraten.
Man könnte vermuten, dass die Freundin nun unendlich traurig ist, sich verlassen und einsam fühlt, doch sie scheint gelassen. Älter ist sie geworden mit der Zeit, ihr Gang ist schleppender und mühsamer als früher, aber es sieht nicht so aus, als würde sie nun mit ihrem Schicksal hadern, ihre Augen leuchten immer noch heiter und immer noch sind ihre Wangen wie frisch gepflückte Äpfel. Sie scheint einverstanden zu sein mit dem, wie es nun ist, einverstanden mit dem Tod, einverstanden auch mit dem Verlust.
Aus ihrer Wohnung ist sie ausgezogen. In dem Altenheim hat sie nun das Zimmer ihrer Freundin bezogen, man hat es ihr überlassen. Da lebt sie jetzt. Manchmal sieht man sie noch auf dem Platz sitzen, gegenüber der Tür, aber meistens sitzt sie mit

anderen Bewohnern am Tisch, unterhält sich und spielt Karten.

Eine Freundschaft, gelebt in Treue und Verlässlichkeit, hat ihren Abschluss gefunden. Eine Freundschaft, die ihre Ordnung gefunden hat, auch im Tod. Wie ein Vermächtnis wird die Erinnerung, gewandelt in die Kostbarkeit eines Schatzes, der nun unzerstörbar im Herzen ruht.

Mechthild Grüning

3. Tag

Sehnsucht nach Freundschaft

Wort der Schrift „Wer einen treuen Freund gefunden hat, der hat einen Schatz gefunden, für den es keinen Preis gibt" (Sir 6,8).

Wort in den Tag Man kann vor Durst sterben mitten in der Wüste und man kann vor Durst sterben mitten im Meer zwischen salzigen Wasserfluten. Man kann vor Durst sterben mitten in einer Stadt zwischen Getränkemarkt und Gastwirtschaft. Man kann versuchen, seine Sehnsucht nach Glück und seinen Durst nach Liebe zu stillen. Doch den Brunnen, der den brennenden Durst löscht, findet man nicht. Immer verlangt man nach mehr. Der Durst nach Zärtlichkeit und Wärme, die Sehnsucht nach Geborgenheit und Liebe wird nie ganz gestillt. Man darf den Menschen nicht die Flügel stutzen. Gerade in der Liebe bleibt die Sehnsucht maßlos. Wie man im trockenen Land mit der Wünschelrute nach neuen Quellen sucht, so bleiben wir auf der Suche. Wo die Liebe uns aber berührt, da fließen tief innen neue Energien.
Die Sehnsucht nach echter Freundschaft ist uns angeboren. Gott hat die Sehnsucht in unser Herz gelegt. Es gibt Festtage für Liebe und Freundschaft, Stunden des Glücks. Aber auch sie sind flüchtig und der Durst nach Liebe bleibt. Er wird sogar stärker, je mehr die Sehnsucht vom Herzen Besitz ergreift.
Was macht die Faszination des Buches „Der kleine Prinz" von Antoine de Saint-Exupéry aus? Warum wird es über Jahrzehnte bei Trauungen immer wieder zitiert? Es ist eine Geschichte der Freundschaft, die so wunderbar erzählt wird. Der kleine Prinz glaubt an die Einzigartigkeit der Freundschaft. Ob es die Rose oder der kleine Fuchs ist, er wandert über Planeten mit der Sehnsucht im Herzen, den Freund zu finden.
Die wichtigsten Grundbegriffe der Freundschaft werden anschaulich beschrieben.

Zum Beispiel

In der Einsamkeit wächst die Sehnsucht nach einem guten Freund
Der kleine Prinz steigt auf einen hohen Berg. „Guten Tag", sagte er aufs Geratewohl. „Guten Tag ... Guten Tag ... Guten Tag ...", antwortete das Echo. „Seid meine Freunde, ich bin allein", sagte er. „Ich bin allein ... allein ... allein", antwortete das Echo. Zuhause hatte er eine Blume. Sie sprach immer zuerst ...

Was macht die Einmaligkeit eines Freundes aus?
Dann traf er in einem großen Garten auf viele Rosen. Sie glichen seiner Blume. Und er fühlte sich sehr unglücklich. Seine Blume hatte ihm erzählt, dass sie auf der ganzen Welt einzig in ihrer Art sei. Und siehe! Da waren fünftausend davon, alle gleich, in einem einzigen Garten! Er weinte vor Trauer: „Ich glaubte, ich sei reich durch eine einzigartige Blume, und ich besitze nur eine gewöhnliche Rose."

Einen Freund gewinnen heißt: sich vertraut machen
Der kleine Prinz begegnet dem Fuchs. Er möchte gezähmt werden. „Ich suche Freunde. Was bedeutet zähmen?", fragte der Prinz. „Zähmen, das ist eine in Vergessenheit geratene Sache", sagte der Fuchs. „Es bedeutet, sich ‚vertraut machen'." „Vertraut machen?" „Gewiss", sagte der Fuchs. „Noch bist du für mich nichts als ein kleiner Junge, der hunderttausend kleinen Jungen völlig gleicht. Ich brauche dich nicht, und du brauchst mich ebenso wenig ... „Aber wenn du mich zähmst, werden wir einander brauchen. Du wirst für mich einzig sein in der Welt ..."

Freundschaft verwandelt unsere Welt
Wenn Freunde sich einander vertraut gemacht haben, erkennen sie den Klang der Schritte des anderen und die ganze Welt ist voller Zeichen, die an den Freund erinnern, wie jedes Weizenfeld an das weizenblonde Haar des kleinen Prinzen erinnert.

Wer einen Freund gewinnen will, muss Zeit haben
„Die Menschen haben keine Zeit mehr, irgendetwas kennen zu lernen. Sie kaufen sich alles fertig in den Geschäften. Aber da es keine Kaufläden für Freunde gibt, haben die Leute keine Freunde mehr."

Freundschaft wächst in kleinen Schritten

„Was muss ich da tun?“ fragte der kleine Prinz. „Du musst sehr geduldig sein“, antwortete der Fuchs. „Du setzt dich zuerst ein wenig abseits von mir ins Gras. Ich werde dich so verstohlen, so aus dem Augenwinkel anschauen, und du wirst nichts sagen. Die Sprache ist die Quelle der Missverständnisse. Aber jeden Tag wirst du dich ein bisschen näher setzen können ...“

Ein Freund ist das Kostbarste auf der Welt

Ob es nun der Fuchs oder eine Rose oder ein Mensch ist. Was man sich so vertraut gemacht hat, wird kostbar und einmalig. Der kleine Prinz geht zu den tausend Rosen im großen Garten. „Ihr seid, wie mein Fuchs war. Der war nichts als ein Fuchs wie hunderttausend andere. Aber ich habe ihn zu meinem Freund gemacht, und jetzt ist er einzig in der Welt.“

Die Zeit und alles, was man für den anderen tut, macht den Freund so wichtig. Die Rose ist und bleibt für den kleinen Prinzen so wichtig, weil „sie es ist“, die er geschützt und gepflegt hat. „Die Zeit, die ich für meine Rose verloren habe, sie macht die Rose so wichtig.“

So entsteht Verantwortung – Engagement verpflichtet zur Treue

„Du bist zeitlebens für das verantwortlich, was du dir vertraut gemacht hast.“ Diese Wahrheit dürfen wir nicht vergessen. „Ich bin für meine Rose verantwortlich ...“, wiederholte der kleine Prinz, um es sich zu merken.

4. Tag
Ikone der Freundschaft

Wort der Schrift „Ich nenne euch nicht mehr Knechte; denn der Knecht weiß nicht, was sein Herr tut. Vielmehr habe ich euch Freunde genannt; denn ich habe euch alles mitgeteilt, was ich von meinem Vater gehört habe. Nicht ihr habt mich erwählt, sondern ich habe euch erwählt und dazu bestimmt, dass ihr euch aufmacht und Frucht bringt und dass eure Frucht bleibt" (Joh 15,15-16).

Wort in den Tag Hat er auch mich zu seinem Freund, zu seiner Freundin erwählt? Jesus, mein Freund? Nicht Knecht, sondern Freund sein, herausgelöst und befreit sein aus allen Strukturen der Gewalt und Unterdrückung. Unsere Beziehung ist auf eine neue Ebene gehoben. Ich brauche keine Angst zu haben. Jesus nennt mich seinen Freund.
Was bedeutet das? Ich brauche seine Freundschaft nicht zu verdienen, er schenkt sie mir. „Nicht ihr habt mich erwählt, sondern ich habe euch erwählt." Er gibt mir sein Wort: „Du bist mein Freund!"
Kann ich diese Einladung wörtlich nehmen? Wie kann ich sie in mein Leben übersetzen? Vor Gott, dem Unfassbaren und Großen, beuge ich mein Knie. Bei einem Freund verliere ich alle Ängste. Mein Freund hält für mich immer einen Platz an seiner Seite frei. Zu ihm setze ich mich und kann ihm alles erzählen. Zu einem Freund fühle ich mich hingezogen. Einem guten Freund kann ich ohne Vorbehalt vertrauen.
Jesus will wie ein Freund den Menschen begegnen. Freundschaft als Beispiel der Christusbegegnung? Viele haben so ihren Glauben verstanden. Ist das nicht wunderbar? Alles, was wir über Freundschaft unter Menschen sagen, gilt auch für unsere Begegnung mit Christus. Wir werden später in der Karwoche noch intensiver und ausführlicher darüber nachdenken.

Zum Beispiel „Ikone der Freundschaft" nennt man dieses Bild. Im Louvre in Paris befindet sich diese Ikone aus dem sechsten Jahrhundert. Sie zeigt Christus und Menas, den Abt eines koptischen Klosters.

Christus und Menas schauen den Betrachter an. Ihre „sprechenden" Augen ziehen jeden in ihren Bann. Christus ist durch das Evangelienbuch und das Kreuz in der Gloriole erkennbar. Den Namen des Älteren erfahren wir aus der koptischen Inschrift: Menas.
Am Anfang war Menas Soldat im Dienst des Kaisers, am Ende Märtyrer in der Nachfolge Christi. Sein Grab in der ägyptischen Wüste wurde zum größten christlichen Wallfahrtsort der Antike.

Beide stehen nebeneinander, aber ihre Gestalten berühren sich nicht. Sie erfahren freundschaftliche Nähe, aber zugleich auch Freiraum. Sie gehören zusammen, aber behalten ihren eigenen Stand. Sie achten das Anderssein des anderen. Freundschaft weiß um die Notwendigkeit von Nähe und Distanz, von Geborgenheit und Weite.
Christus legt seinen rechten Arm um die Schultern des Menas. Die Hand auf der Schulter ist eine innige Geste des Vertrauens und der Nähe. Christus ist es, der die Umarmung schenkt. „Nicht ihr habt mich erwählt, sondern ich habe euch erwählt."
Er will auch uns zum Freund haben. Er wählt uns aus. Er legt seinen Arm um unsere Schultern. Er stärkt unseren Rücken.
Jesus hat keine Füße. Vielleicht sagt Jesus zu Menas: „Geh du für mich! Ich habe keine anderen Füße als die deinen."
Menas zeigt mit der rechten Hand auf Christus. Freunde rücken den anderen in den Mittelpunkt: *Schaut nicht auf mich, schaut auf ihn. Er allein ist wichtig.*
Christus trägt in einem kostbaren Buch das Wort Gottes. Menas hat eine kleine Schriftrolle in der Hand. Das Wort ist durch und in Menas zum lebendigen Zeugnis geworden. In Taizé sagt man: „Lebe das vom Evangelium, was du begriffen hast und sei es noch so wenig, aber lebe es!" (Roger Schutz).
Die beiden Männer schauen einander nicht an, sondern miteinander in dieselbe Richtung, nach vorn, ein gemeinsames Ziel vor Augen. Auf dem Weg dorthin sind sie füreinander Begleiter, verlässliche Weggefährten. Am Anfang hat Gott selbst sich als mitgehender, als wegbegleitender Gott offenbart.

Sehnsucht nach Freundschaft

5. Tag

In der Entbehrung wächst das Verlangen nach Freundschaft

Wort der Schrift „Und sie betete zum Herrn, dem Gott Israels: Herr, unser König, du bist der Einzige. Hilf mir! Denn ich bin allein und habe keinen Helfer außer dir; die Gefahr steht greifbar vor mir" (Est 4,17kl).

Wort in den Tag Eine Flugverbindung von Frankfurt nach Kuwait kann man „last minute" buchen. Eine ICE-Verbindung zwischen Hamburg und München – jederzeit. Eine Telefonverbindung von Berlin nach New York ist eine Kleinigkeit. Eine E-Mail per Internet nach Tokio zu schicken, ist gratis. – Aber eine menschliche Verbindung ist meist nicht möglich. Wir treffen uns oft, aber begegnen uns nur selten.
Wer in der Stadt lebt, fühlt sich frei. Stadtleben bedeutet zunächst die Emanzipation und Auflösung vieler Bindungen und Abhängigkeiten. Aber Stadtluft macht nicht nur frei, sondern auch einsam. Unsere Kontakte sind meist flüchtig und anonym. Bei Vervielfältigung der Kontakte nimmt die Intensität stark ab. Die Begegnungen bleiben oberflächlich.
Trotz Telefon und Television, trotz engem Zusammenleben und organisierter Freizeitgestaltung klagt jeder fünfte Bürger in unserem Land, dass er sich einsam fühlt. Wenn die Hälfte der Bewohner unserer großen Städte in Einpersonenhaushalten lebt, dann kann man erahnen, wie wichtig es ist, gute Freunde zu haben. Die vielen Kontaktanzeigen in den Zeitungen zeigen das große Bedürfnis nach einem verlässlichen Menschen.
Freundschaften werden heute wohltuend erfahren. Sie stehen hoch im Kurs, weil sie krisenbeständige Wege für ein geglücktes Zusammenleben sind. Zu viele Ehen scheitern. Der Verlust an traditionellen Bindungen wird oft beklagt. Die Freundschaft aber bewahrt viele vor der Vereinzelung und Einsamkeit.
Freundschaften bekommen heute immer größere gesellschaftliche Bedeutung. Sie sind nicht nur Privatangelegenheit. Sie sind weltweit die kreativste Weise, um Wege der Begegnung und des

Zusammenlebens für die Menschheitsfamilie zu erschließen. Freundschaften helfen, eine zukunftsfähige Kultur des gesellschaftlichen Lebens zu gestalten.

Zum Beispiel Als mein Mann starb, stand ich ganz hilflos da. Ohne meine Freundin hätte ich es nicht geschafft. Heute verbindet uns eine tiefe Freundschaft. Wir ergänzen uns und lösen die Probleme gemeinsam.

Mein Leben ist so mobil, dass ich keine Ehe eingehen konnte. Meine Weltfirma hat mich immer wieder versetzt. Meine Freundschaft ist das einzig Beständige in meinem Leben. Mit meinem Freund habe ich durch E-Mail und Telefon regen Kontakt.

Freundschaft ist für mich ein Netz, das mich auffängt. Mein Mann ist immer gestresst. Er hört mir nicht mehr zu. Meine Joggingfreundin ist mein bester Freund. Mit ihr kann ich alles besprechen. Das ist besonders wichtig für mich.

6. Tag
Anziehungskräfte

Wort der Schrift „Viele seien es, die dich grüßen, dein Vertrauter aber sei nur einer aus tausend. Willst du einen Freund gewinnen, gewinne ihn durch Erprobung, schenk ihm nicht zu schnell dein Vertrauen! Mancher ist Freund je nach der Zeit, am Tag der Not hält er nicht stand. Mancher Freund wird zum Feind, unter Schmähungen deckt er den Streit mit dir auf. Mancher ist Freund als Gast am Tisch, am Tag des Unheils ist er nicht zu finden. In deinem Glück ist er eins mit dir, in deinem Unglück trennt er sich von dir. Trifft dich ein Unglück, wendet er sich gegen dich und hält sich vor dir verborgen. Von deinen Feinden halte dich fern, vor deinen Freunden sei auf der Hut! Ein treuer Freund ist wie ein festes Zelt; wer einen solchen findet, hat einen Schatz gefunden. Für einen treuen Freund gibt es keinen Preis, nichts wiegt seinen Wert auf. Das Leben ist geborgen bei einem treuen Freund, ihn findet, wer Gott fürchtet. Wer den Herrn fürchtet, hält rechte Freundschaft, wie er selbst, so ist auch sein Freund" (Sir 6,6-17).

Wort in den Tag Was verbindet Menschen miteinander? Die Kräfte, die Menschen zusammenführen und verbinden, sollten wir fördern und unterstützen. Zu viele Kräfte entzweien und schaffen Distanz. Antipathie ist solch eine Kraft und Hass ist noch schlimmer. Gewalt und Krieg sind solche Kräfte. Frieden und Versöhnung aber führen Menschen zusammen.
Freundschaft und Liebe sind die Kräfte, die verbinden. Die kleinen Gemeinschaften, Familie und Ehe sind das Fundament jeder Gesellschaft. Die Politik weiß um ihre Verpflichtung, diese zu fördern. Wie ein Magnet, der anzieht, wirken Freundschaft und Liebe in unserer Welt, die nach der Urknalltheorie auseinanderstrebt.
Was bringt Freunde zueinander? Was zieht sie an? Die Humanwissenschaften sprechen von einer mehrschichtigen Wirklichkeit menschlicher Beziehungen und Verbindungen. Drei Ebenen kann man unterscheiden: die biologische, die psychische und die so-

ziale. Wie in einem Puzzle fügen sich die Teile zusammen und formen ein Bild der Freundschaft. Alle Ebenen lassen sich miteinander verknüpfen und entwickeln ein Beziehungsmuster, das Freundschaften ermöglicht und stabilisiert.
Ein wichtiges Bindemittel zwischen Freunden ist die biologische Ebene. Mit den Augen schaut man den Freund, die Freundin an. Schönheit ist dabei ein sehr weiter und sehr persönlicher Begriff. Man fühlt sich hingezogen zum anderen. Die Sympathie ist ein wichtiger Motor, um die Begegnung zu suchen. Sogar die Nase spielt eine Rolle. „Ich kann ihn gut riechen", sagen wir. Wenn die „Chemie" stimmt, werden die Beziehungen leichter halten. Auf der psychologischen Ebene werden Beziehungen geknüpft, die uns selbst emotional befriedigen. In einer guten Freundschaft fühlen wir uns geborgen. Auch sozial finden wir uns in Rollen wieder, die jedem Nutzen bringen. Wir sprechen von „Geschäftsfreunden". Auch investiert man in eine Freundschaft, um am guten Ruf des Beziehungspartners teilzuhaben.
In jeder konkreten Freundschaft lassen sich also mehrere Ebenen beschreiben, die eine Beziehung zusammenhalten. Aber in einer Gesellschaft, in der Flexibilität und Mobilität so hoch im Kurs stehen, geraten manche Bindemittel der Freundschaft unter Druck. Wenn einer von seiner Firma versetzt wird, dann können Telefon und Internet die Kommunikation zwischen Freunden aufrechterhalten, aber auf Dauer muss sich erweisen, wie stark das Potential an Zuneigung ist.
Doch es gibt eine tiefere Begründung von Freundschaft und Liebe, die tragender ist als das Bindemittel der biologischen, psychologischen und sozialen Beziehungen. Man kann sie die „Einheit der Herzen" nennen. „Die Einheit der Herzen ist eine Kraft, die sich nicht von menschlicher Anziehungskraft herleitet, sondern von Gott kommt. Sie ist dem Menschen als eine seelische Bereitschaft eingeboren" (Elisabeth Hense). Die Einheit der Herzen bewirkt, dass ICH und DU zu einem unzertrennlichen WIR werden. Solche Freundschaft ist ein kostbares Gut. Sie überlebt Krisen. Und Treue wird zum verlässlichen Wort.

Zum Beispiel Augustinus beschreibt in seinen Confessiones (Bekenntnissen) – verfasst zwischen 397 und 401 – seine Erfahrung von Freundschaft. Er setzt seinem verstorbenen Freund ein bleibendes Denkmal:

„Miteinander reden und lachen, sich gegenseitig gewogen sein, gemeinsam gute Bücher lesen, einander mit spielerischem Humor und mit Respekt begegnen, so ab und zu unterschiedlicher Meinung sein, jedoch ohne Hass, so wie einer ja auch mit sich selbst uneins sein kann, und mit den seltenen Uneinigkeiten die reichlichen Übereinstimmungen würzen, sich gegenseitig unterweisen und voneinander etwas lernen, die abwesenden Freunde betrübt vermissen und die wiederkehrenden freudig empfangen – durch solche und ähnliche Zeichen, wie sie von liebenden und wiederliebenden Herzen mit Küssen, Worten, Blicken und tausend freundschaftlichen Gebärden ausgedrückt werden, die Seelen wie mit Zündstoff zusammenschmelzen und mehrere Menschen zur Einheit zusammenbringen.

Eben dies schätzt man an Freunden und man schätzt es so sehr, dass man Gewissensbisse bekäme, würde man nicht Liebe mit Gegenliebe und Gegenliebe mit Liebe vergelten, und man verlangt von der Person des Freundes nichts außer solchen Beweisen des Wohlwollens. Daher diese Trauer, wenn einer stirbt, diese kummervolle Finsternis und das weinende Herz, wenn seine Wonne in Bitterkeit verkehrt ist, und wegen dem verlorenen Leben der Sterbenden kommt es zum Sterben der Lebenden“ (Conf. IV, 6–7).

7. Tag
Das kostbare Geschenk: der Freund

Wort der Schrift „Wie ein Vogel, der aus seinem Nest flüchtet, so ist ein Mensch, der aus seiner Heimat fliehen muss. Salböl und Weihrauch erfreuen das Herz, die Herzlichkeit eines Freundes erfreut mehr als duftendes Holz. Deinen Freund und deines Vaters Freund gib nicht auf, geh nicht in das Haus deines Bruders, wenn du in Not bist. Besser ein Nachbar in der Nähe als ein Bruder in der Ferne“ (Spr 27,8-10).

Wort in den Tag Wie wächst eine freundschaftliche Beziehung und wird zur dauerhaften Brücke zwischen zwei Menschen, die auch Belastungen standhält?
Zur menschlichen Begegnung gehören grundsätzlich ein ICH und ein DU. Freundschaft ist kein Selbstgespräch, sondern ein Dialog. Martin Buber schöpft seine Philosophie aus der Tatsache, dass der Mensch ein sprechendes Wesen ist. Doch wie entsteht Freundschaft? Wie kommt es zur Beziehung zwischen ICH und DU? Beginnt Kommunikation beim ICH? Muss ich mich zuerst selbst finden, meine Begabungen und Kräfte des Herzens entfalten, um dialogfähig zu werden? Oder geht die Beziehung vom DU aus? Ein anderer spricht mich an und weckt mein Interesse an ihm. Aus jeder Begegnung kann ein Spiel werden, in dem der Ball hin und her fliegt.
Die dialogischen Philosophen sprechen von einer wechselseitigen Beziehung der Personen. Wer ein DU findet, findet auch sein ICH. Und wer sein ICH entfaltet, wird fähig zur vertieften Partnerschaft. Freundschaft ist eine doppelseitige Bewegung. Du schaust mich an und ich erkenne, dass du mich anschaust. Und der Freund erfährt das Gleiche. So wachse ich an jeder Freundschaft. Ohne einen Freund oder eine Freundin verkümmert mein Personsein. Ich lebe auf „Sparflamme“ und Fähigkeiten, die Gott in mich hineingelegt hat, liegen brach.
Gott hat uns die Sehnsucht nach Freundschaft und Liebe ganz tief ins Herz geschrieben. Wo zwei Menschen ihre Freundschaft zur Entfaltung bringen, öffnet sich diese Freundschaft auf einen

Dritten hin. In der Sehnsucht nach Liebe und Freundschaft überschreiten wir unsere Begrenzungen. Wir sehnen uns nach einer vollkommenen Freundschaft, die menschliche Freundschaft nie erreicht. „Unruhig ist unser Herz." Diese Sehnsucht ist die charmante Art Gottes, sich bei uns in Erinnerung zu halten.
Christliche Denker und Theologen haben die Freundschaft immer als einen Ort der Christusbegegnung gedeutet. Wo wir menschliche Freundschaft voll zur Entfaltung bringen, ist Christus uns nahe. Wo zwei oder drei in liebevollem, freundschaftlichem Austausch sind, da ist Christus in ihrer Mitte. Christus segnet die Freundschaft und heiligt die Begegnung.
Manche gehen heute noch weiter. Sie glauben an die Gottesbegegnung in der Begegnung von Liebenden. Freundschaft ist die Kraft, die anzieht und vereinigt. Menschliche Freundschaft ist Teilhabe an der göttlichen Kraft zur Vereinigung. In der intensiven Begegnung von Freunden und Freundinnen ist erlebbar, was das Herz empfindet, wenn Gott uns berührt und mit seiner Liebe umfängt.

Zum Beispiel Aus dem 12. Jahrhundert – Dialog zwischen Abt Aelred und seinem Freund Bruder Ivo im Kloster Rieval, Südengland:
Ivo: Was nun Freundschaft ist, das bitte ich, mir zu erklären.
Aelred: Von allem, was Menschen sich schenken können, weiß ich nichts Heiligeres, wonach man streben, Nützlicheres, wonach man trachten kann. Nichts ist schwerer zu erringen, köstlicher zu erleben, segensreicher zu besitzen. Denn sie trägt in sich die Segensverheißung dieses wie des künftigen Lebens. Die Freundschaft versüßt alle Anstrengungen zur Tugend, sie hält die bösen Neigungen nieder, sie mildert das Unglück, sie hütet das Glück. Ohne Freund gibt es auf Erden kaum eine Freude. Der Mensch wäre elend wie ein Tier, wenn niemand sich mit ihm freute, wenn es ihm wohl ergeht, niemand im Leid mit ihm weinte. Er hat immer jemanden nötig, mit dem er sich aussprechen kann, wenn das Herz schwer ist, dem er es sagen darf, wenn er erlebt, was sein Herz erhebt und bewegt. „Wehe dem Einsamen; wenn er fällt, ist kein zweiter da, ihm aufzuhelfen." Ganz einsam aber ist, wer ohne Freund. Jedoch, welches Glück, welche Geborgen-

heit, welche Seligkeit, wenn jemand dir zuhört, zu dem zu sprechen du wagen darfst, als sprächest du zu dir selbst! Dem du ohne Furcht bekennst, was du gefehlt hast, dem du ohne Erröten dein Inneres offenlegst, wenn du meinst, dass dir Fortschritte gelungen seien, dem du alle Herzensgeheimnisse anvertrauen, alle Pläne sorglos aufdecken kannst. Was gibt es herrlicheres, als Herz mit Herz zu verbinden, aus zweien eins zu machen, ohne Überhebung, ohne Argwohn befürchten zu müssen? Dann tut Zurechtweisung nicht weh, das Lob ist echt und niemals Schmeichelei …

Und was mehr als all dieses gilt: Die Freundschaft ist eine gewisse hohe Stufe, ganz nahe der Vollkommenheit, die in der Gottes- und Nächstenliebe besteht. Durch sie wird der Mensch aus einem Menschenfreund zum Gottesfreund, gemäß dem Wort des Heilands im Evangelium: „Ich nenne euch nicht mehr Knechte, sondern meine Freunde.“

8. Tag
Eine verlässliche Adresse

Wort der Schrift „Mancher ist nur ein Freund je nach der Zeit, am Tag der Not hält er nicht stand ... In deinem Glück ist er mit dir eins, in deinem Unglück trennt er sich von dir. Wer aber einen treuen Freund gefunden hat, der hat einen Schatz gefunden, für den es keinen Preis gibt“ (Sir 6,8-15).

Wort in den Tag Die Nähe eines Menschen kann froh und kann traurig machen. Die Nähe eines Menschen kann gesund oder krank machen. Ich kenne Menschen, in deren Nähe ich mich richtig wohlfühle. Ich lege Wert auf ihre Bekanntschaft. Es gibt andere, die bedrücken, die machen Angst, denen gehe ich lieber aus dem Weg.
Ein Freund ist aber mehr als ein Bekannter. Ein Freund ist einer, auf den man sich verlassen kann. Besonders in der Not erweist sich, wer ein wahrer Freund ist. Schon in der Bibel gibt es Worte, die misstrauisch klingen. Nicht jeder, der in guten Tagen unsere Nähe sucht, ist ein vertrauenswürdiger Freund. Wir sollten wachsam sein, meint das Buch Jesus Sirach (6,8): „Mancher ist nur ein Freund je nach der Zeit. Am Tag der Not hält er nicht stand. In deinem Glück ist er mit dir eins, in deinem Unglück trennt er sich von dir.“
Die Echtheit einer Freundschaft zeigt sich gerade in Tagen der Not. Ich war überrascht, als ich in Frankfurt mit Obdachlosen sprach. Jeden Morgen kommen bei der Kirchengemeinde Liebfrauen etwa hundert Wohnsitzlose zu Frühstücksrunden zusammen. Ich wollte von ihnen wissen, was das Wichtigste sei, um auf der Straße zu überleben.
„Was braucht es, um als Wohnsitzloser zu überleben?“ Sie waren sich bald einig: Einen Verbündeten – eine verlässliche Adresse – auf Menschen des Vertrauens kommt es an!
Ich erinnere mich oft an einen Obdachlosen, der auf dem Handrücken eine Telefonnummer tätowiert hatte. Es war die Nummer eines evangelischen Pfarrers, meines Freundes Richard Hilge. Wenn der Obdachlose wieder einmal auf der Parkbank lag und zu viel

getrunken hatte, hielt er den Vorübergehenden seinen Handrücken hin. Sie wählten die Telefonnummer. Sein Freund, der Pfarrer, nahm ihn jedes Mal auf. Solange er sich auf diese Adresse verlassen konnte, blieb ihm ein Ausweg. Auf Menschen des Vertrauens kommt es an. Später hat Ulrich Bach ein Gedicht daraus gemacht.

Zum Beispiel

Alfons war ein Tippelbruder,
und was er hatte, war nicht viel.
Um genau zu sein: Es war gar nichts.
Bis auf das, was er am Körper trug.
Der Anzug geflickt und dreckig,
das Hemd, wenn man das noch „Hemd" nennen wollte,
und die Schuhe – schweigen wir lieber.

Alfons war ein Tippelbruder,
und was er hatte, war eine ganze Menge.
Er hatte etwas, was ich noch bei keinem Menschen sah.
Er hatte eine Zahl,
auf dem linken Handrücken eintätowiert,
eine zweiteilige Zahl,
mit Schrägstrich zwischen den beiden Teilen.
Und die Null am Anfang zeigte:
Es war eine Telefonnummer.

Alfons war ein Tippelbruder.
Und wenn er mal ordentlich getankt hatte
und er lag irgendwo in der Gosse
und die Leute fischten ihn auf:
Oft konnte er nicht sprechen,
konnte nicht seinen Namen sagen.
Aber eins konnte er:
Den Leuten seine linke Hand vors Gesicht halten.

Die wählten die Nummer,
und es meldete sich ein Pfarrer,
sein Pfarrer – Alfons hatte eine todsichere Adresse.

Alfons war ein Tippelbruder.
Und was er hatte, das war Vertrauen,
Vertrauen zu einem Menschen.
Zwanzigmal schon war er dort
oder achtunddreißigmal.
Und noch keinmal wurde ihm die Tür gewiesen.

Solange diese Nummer nicht verloren geht,
bin ich nicht verloren.
Dieser eine Mensch bedeutet für Alfons Leben.

ULRICH BACH

9. Tag

Freunde in der Not – Das halbe Brot

Wort der Schrift „Dann sagte er zu ihnen: Wenn einer von euch einen Freund hat und um Mitternacht zu ihm geht und sagt: Freund, leih mir drei Brote; denn einer meiner Freunde, der auf Reisen ist, ist zu mir gekommen, und ich habe ihm nichts anzubieten!, wird dann etwa der Mann drinnen antworten: Lass mich in Ruhe, die Tür ist schon verschlossen und meine Kinder schlafen bei mir; ich kann nicht aufstehen und dir etwas geben? Ich sage euch: Wenn er schon nicht deswegen aufsteht und ihm seine Bitte erfüllt, weil er sein Freund ist, so wird er doch wegen seiner Zudringlichkeit aufstehen und ihm geben, was er braucht. Darum sage ich euch: Bittet, dann wird euch gegeben; sucht, dann werdet ihr finden; klopft an, dann wird euch geöffnet. Denn wer bittet, der empfängt; wer sucht, der findet; und wer anklopft, dem wird geöffnet“ (Lk 11,5-10).

Wort in den Tag Wohin gehe ich, wenn ich mich einsam fühle? Wohin gehe ich, wenn ich nicht recht weiß, wie ich mich entscheiden soll? Wohin gehe ich, wenn die Lohnüberweisung ausblieb und mein Konto leer ist? Wohin gehe ich? Zum Freund!

Jesus gibt uns das schöne Beispiel eines zudringlichen Freundes. In der Mitte der Nacht, wenn die Kinder schon schlafen, darf der Freund an die Tür seines Freundes klopfen und um Brot bitten. Wohin gehen wir in der Not? Zum Freund!

Der Freund ist ein Nothelfer im wörtlichen Sinn des Wortes. Der Freund hält seine Tür für den Freund offen, auch die Tür seines Herzens. „Porta patet, cor magis“ – „Die Tür ist offen, das Herz um so mehr“, war der Willkommensspruch der Zisterzienser für alle Gäste und Pilger.

„Unsere Hilfe ist im Namen des Herrn, der Himmel und Erde erschaffen hat.“ Auch Gott ist für Menschen der verlässliche Nothelfer. Mit diesem Ruf beginnen Ordensmänner und -frauen ihr Gebet am Morgen: „O Gott, komm mir zu Hilfe, Herr, eile mir zu helfen!“ Ihr Vertrauen ist getragen von der Zusage Gottes:

Wenn alle dich verlassen, ich verlasse dich nicht. „Kann denn eine Frau ihr Kindlein vergessen, eine Mutter ihren leiblichen Sohn? Und selbst wenn sie ihn vergessen würde: ich vergesse dich nicht. Sieh her: Ich habe dich eingezeichnet in meine Hände" (Jes 49,15-16).

Zum Beispiel *Das halbe Brot*

Als der Geheimrat Prof. Breitenbach gestorben war, gingen seine Söhne an das traurige Geschäft, den Nachlass zu ordnen und das Erbe des Vaters unter sich zu verteilen. Es waren alte, handgeschnitzte Eichenmöbel und kostbare Gemälde. Und dann war da ein hoher Glasschrank, ihn hatte der Medizinalrat bei Lebzeiten wie ein Heiligtum gehütet. Darin waren kleine Kostbarkeiten und seltene Erinnerungsstücke aufbewahrt.

Behutsam nahmen die Söhne die zierlichen Elfenbeinfiguren, die hauchdünnen, chinesischen Teetassen und die römischen Öllämpchen heraus. Im untersten Fach fanden sie einen merkwürdigen Klumpen. Die Brüder hielten ihn unter die Lampe. Wie groß war ihr Erstaunen, als es sich nur um ein vertrocknetes Stück Brot handelte.

Ratlos sahen sie einander an. Was wohl der Grund war, jahrelang ein Stück Brot aufzuheben? Sie rätselten lange, wohl ahnend, dass der Vater nichts aufbewahrt hätte, was nicht von besonderem Wert für ihn war. Endlich fragten sie die alte Haushälterin.

Die brauchte sich nicht lange zu besinnen. In den Hungerjahren nach dem Weltkrieg hatte der alte Herr schwerkrank gelegen. Sein Erschöpfungszustand war so groß gewesen, dass der Arzt bedenklich die Stirn runzelte und etwas von kräftiger Kost sagte, aber dabei die Achseln zuckte. Damals hätte ein Bekannter für den Kranken ein halbes vollwertiges Schrotbrot geschickt, das dieser selbst von einem Ausländer erhalten hatte.

Zu dieser Zeit lag gerade im Nachbarhaus die kleine Tochter des Lehrers krank. Der Medizinalrat hat es sich versagt, das Brot selbst zu essen, sondern es dem Lehrer hinübergeschickt. „Was liegt an mir altem Manne", habe er gesagt, „das junge Leben dort braucht es nötiger."

Wie sich später herausstellte, hatte die Lehrersfrau das Brot nicht behalten wollen, sondern an die alte Witwe weitergegeben, die in ihrem Dachstübchen ein Notquartier gefunden hatte. Aber auch damit war die seltsame Reise des Brotes nicht zu Ende. Die Alte mochte ebenfalls nicht davon essen und trug es zu ihrer Tochter, die mit ihren beiden Kindern nicht weit von ihr in einer Kellerwohnung Zuflucht gefunden hatte. Die hingegen erinnerte sich daran, dass ein paar Häuser weiter der alte Medizinalrat krank lag, der einen ihrer Buben kürzlich in schwerer Krankheit umsonst behandelt hatte.

Nun ist die Gelegenheit da, so dachte sie, dass ich mich bei dem freundlichen Herrn bedanke, sprach`s, nahm das halbe Brot unter den Arm und ging damit zur Wohnung des Medizinalrates.

„Wir haben es sofort wiedererkannt", schloss die alte Haushälterin. „Als euer Vater sein eigenes Brot wieder in den Händen hielt, da war er maßlos erschüttert und sagte: ‚Solange noch Liebe unter uns ist, die ihr letztes Stück Brot teilt, solange habe ich keine Angst um uns alle.' Das Brot hat er nicht gegessen. Vielmehr sagte er zu mir: ‚Wir wollen es gut aufheben. Und wenn wir einmal kleinmütig werden wollen, dann müssen wir es anschauen. Dieses Brot hat viele satt gemacht, ohne dass ein Einziger davon gegessen hat. Es ist ein heiliges Brot.' Damals legte der Medizinalrat das Brot in den Glasschrank und ich weiß, dass er es oft angeschaut hat."

Günther Schulze-Wegener

10. Tag
Von Freunden verraten

Wort Gottes „Nicht mein Feind beschimpft mich, das würde ich ertragen; nicht ein Mann, der mich hasst, tritt frech gegen mich auf, vor ihm könnte ich mich verbergen. Nein, du bist es, ein Mensch aus meiner Umgebung, mein Freund, mein Vertrauter, mit dem ich, in Freundschaft verbunden, zum Haus Gottes gepilgert bin inmitten der Menge ... Glatt wie Butter sind seine Reden, doch in seinem Herzen sinnt er auf Streit; seine Worte sind linder als Öl und sind doch gezückte Schwerter" (Ps 55,13-15.22).

Wort in den Tag Das ist bitter, wenn ein Freund sein Wort nicht hält. Das ist die tiefste Enttäuschung, wenn ein Vertrauter nicht schweigen kann. Das ist besonders schmerzhaft, wenn ein Freund zum Verräter wird. Es gibt heute viele Spielarten des Verrates. Mobbing ist heute zum Gesellschaftsspiel geworden. In dieser Ellbogengesellschaft gibt es Verleumdung, Verrat am Arbeitsplatz von besten Freunden. Es ist erstaunlich, was Menschen sich antun.
Der Psalm 55 beklagt den Verrat des Freundes. Wenn der Feind mich verfolgt, dann kann ich das einordnen. Aber wenn „mein Freund, mein Vertrauter", mit dem ich mich in Freundschaft verbunden fühle, schlecht über mich redet, dann bin ich tief gekränkt.
Im Buch Jesus Sirach wird das hohe Lied auf den treuen Freund gesungen. Aber an mehreren Stellen wird auch vor falschen Freunden gewarnt. „Mancher sagt: Ich bin dein Freund. Doch mancher Freund ist nur dem Namen nach Freund. Ist es nicht ein tödlicher Schmerz, wenn ein gleich gesinnter Freund zum Feind wird? Weh, treuloser Freund, wozu bist du geschaffen? Um die weite Erde mit Falschheit zu erfüllen? Übel ist ein Freund, der nur nach dem Tisch sieht; zur Zeit der Not hält er sich fern. Ein guter Freund kämpft mit dem Feind, er hält den Schild gegen den Widersacher" (Sir 37,1-5).
Üble Nachrede, Mobbing nennt man das heute, ist eine große Belastung jeder Freundschaft. Schon Jesus Sirach beklagte sich über den Klatsch: „Hast du einen Freund, plaudere von ihm

nichts aus, sonst wird sich jeder, der dich hört, vor dir hüten. Wer setzt eine Wache vor meinen Mund, vor meine Lippen ein kunstvolles Siegel, damit ich durch sie nicht zu Fall komme und meine Zunge mich nicht ins Verderben stürzt?" (Sir 22,26-27).
Wie sollen wir umgehen mit übler Nachrede? Im Buch Jesus Sirach finden sich Hinweise, die auch heute gelten können: „Stell den Freund zur Rede, ob er etwas getan hat, und wenn er es getan hat – damit er es nicht wieder tut. Stell deinen Nächsten zur Rede, ob er etwas gesagt hat, und wenn er es gesagt hat – damit er es nicht wiederholt. Stell den Freund zur Rede, denn oft gibt es Verleumdung; trau nicht jedem Wort! Mancher gleitet aus, doch ohne Absicht. Wer hätte noch nie mit seiner Zunge gesündigt?" (Sir 19,13-16).
Auch Jesus kannte den Verrat und die Verleugnung durch seine Freunde. Der Apostel Judas hat ihn mit einem Kuss verraten und sogar Petrus hat ihn verleugnet.
„Da sagte die Pförtnerin zu Petrus: Bist du nicht auch einer von den Jüngern dieses Menschen? Er antwortete: Nein. Die Diener und die Knechte hatten sich ein Kohlenfeuer angezündet und standen dabei, um sich zu wärmen; denn es war kalt. Auch Petrus stand bei ihnen und wärmte sich" (Joh 18,17-18).

Zum Beispiel Petrus, der mutig die Gefangennahme Jesu mit dem gezückten Schwert hatte verhindern wollen, ist feige. Er ist nicht besser als Judas, der mit einem Kuss Jesus verrät und seinen besten Freund ausliefert. Petrus, den man „den Felsen" nennt, verleugnet beim Hahnenschrei seinen Freund. Einst wollte er für Jesus durchs Feuer gehen, war bereit für ihn zu sterben, doch dann stirbt Jesus für ihn.
Petrus ist am Boden zerstört, er weint bitterlich. Der Verrat macht die Welt finster und kalt, da wärmt auch das Kohlenfeuer im Hof nicht mehr!
Der Verrat hat viele Gesichter. Manchmal wiederholt man die gleichen Fehler, wie Petrus, der gleich dreimal Verrat übte: „Ich kenne diesen Menschen nicht." Das ist besonders schlimm, wenn man sich auf den Freund nicht mehr verlassen kann. Bei so vielen Liebesschwüren schlägt der Verrat durch den Freund eine tiefe Wunde, die kein Therapeut so schnell heilen kann.

Beim Kohlenfeuer geschah der Verrat, bei einem Kohlenfeuer erfolgt auch die Versöhnung. Der auferstandene Jesus erscheint dem Petrus am Ufer des Sees von Tiberias. Wieder brennt ein Feuer. Jesus sieht in das Herz des Verräters. Er sieht nicht nur seine Schwäche, sein Versagen, sondern auch seine bittere Reue, seine Tränen. Und aus dem dreimaligen „Nein“ im Palasthof des Hohenpriesters wird jetzt ein dreimaliges „Ja, Herr, du weißt, dass ich dich liebe.“
Der erste „Papst“ hatte keine „makellose Weste“. Es ist also nicht entscheidend, wie oft wir versagen. Entscheidend ist, dass wir bereuen. Dass wir den Hahnenschrei unseres Gewissens hören und umkehren. Wer dann erfährt, dass er dennoch angenommen wird, kann gar nicht anders, als in seiner Liebe treu zu sein.

Wie Freundschaft gelingen kann

11. Tag

Ein hörendes Herz

Wort der Schrift „In Gibeon erschien der Herr dem Salomo nachts im Traum und forderte ihn auf: Sprich eine Bitte aus, die ich dir gewähren soll. Salomo antwortete: Du hast deinem Knecht David, meinem Vater, große Huld erwiesen ... So hast du jetzt, Herr, mein Gott, deinen Knecht anstelle meines Vaters David zum König gemacht. Doch ich bin noch sehr jung und weiß nicht, wie ich mich als König verhalten soll ... Verleih daher deinem Knecht ein hörendes Herz, damit er dein Volk zu regieren und das Gute vom Bösen zu unterscheiden versteht. Wer könnte sonst dieses mächtige Volk regieren? Es gefiel dem Herrn, dass Salomo diese Bitte aussprach. Daher antwortete ihm Gott: Weil du gerade diese Bitte ausgesprochen hast und nicht um langes Leben, Reichtum oder um den Tod deiner Feinde, sondern um Einsicht gebeten hast, um auf das Recht zu hören, werde ich deine Bitte erfüllen. Sieh, ich gebe dir ein so weises und verständiges Herz, dass keiner vor dir war und keiner nach dir kommen wird, der dir gleicht" (1 Kön 3,5-12).

Wort in den Tag In dieser Woche möchte ich fragen, wie Freundschaft gelingen kann. Es geht um eine kleine „Tugendlehre der Freundschaft". Verhaltensformen möchte ich benennen, die notwendig sind, damit eine Freundschaft dauerhaft bestehen kann.

Das Erste und Wichtigste ist das Hören. Der junge König Salomo erbittet sich das Wichtigste, ein hörendes Herz. Ein hörendes Herz, das ist der Weg zum Leben. Wer hört, kann weise reden. Freunde hören aufeinander. Wer richtig hören kann, der ist ein guter Gesprächspartner.

Es gibt zu viele Menschen in unserer Gesellschaft, die haben niemanden, der ihnen zuhört. Die Unfähigkeit zum Hören, zum Zuhören ist eine Krankheit unserer Tage. Einsame und alte Menschen werden schweigsam und verstummen, nicht, weil sie am Stimmorgan erkrankt sind, sondern weil sie erleben müssen, dass man ihnen nicht zuhört.

Einem guten Freund kann ich alles anvertrauen. Er hört mir zu und ich weiß mich verstanden. Es ist ein Geschenk, wenn man einen Freund oder eine Freundin hat, der/die gut zuhören kann. Können wir noch richtig zuhören? Ständig sind wir einer Geräuschkulisse ausgesetzt. Manchmal gewinne ich den Eindruck, als seien wir eine Walkman-Generation. Immer mehr Menschen sieht man, die sich die kleinen Kopfhörer ins Ohr stecken und für ihre Umwelt unerreichbar sind. Sie schirmen sich ab, machen dicht. Wer sie anspricht, bleibt ohne Antwort.
In einer alten indischen Geschichte heißt es: Als ein Mann, dessen Partnerschaft in der Krise war, den Rat des Meisters suchte, sagte dieser zu ihm: „Du musst lernen, deiner Frau zuzuhören." Der Mann nahm sich diesen Rat zu Herzen und kam nach einem Monat zurück und sagte, er habe gelernt, auf jedes Wort, das seine Frau sprach, zu hören. Da sagte der Meister mit einem Lächeln: „Nun geh' nach Hause und höre auf jedes Wort, das deine Frau nicht sagt!"
Manche sprechen mit dem Freund oder der Freundin persönlicher als mit dem Ehepartner. Manche psychologische Beratung wäre überflüssig, wenn es den Freund gäbe, der zuhören kann. Wer einen guten Freund gewinnen will, muss zuhören. Wenn er sogar das Ungesagte versteht, wird die Freundschaft von Dauer sein.
„Wer Ohren hat zu hören, der höre", sagt Jesus. Und der Prophet Jesaja: „Höre und deine Seele wird leben." Das ist das tiefste Verständnis des Hörens. Hören wird gleichgesetzt mit Leben. Und letztlich hört man nur gut mit dem Herzen. Deshalb erbittet sich der junge König Salomo „ein Herz, das hören kann".

Zum Beispiel „Von meiner Freundin habe ich mich verabschiedet", erzählte mir eine Schülerin. „Es wurde für mich unerträglich. Sie machte mich unmündig. Sie führte immer das Wort." Die Freundin hatte nichts zu sagen. Noch schlimmer: sie hatte nichts zu melden. „Wenn wir Mitschülerinnen trafen, redete nur sie", sagte die Schülerin verärgert. „Ich durfte immer nur meine Zustimmung äußern. Ich wurde zum Kopfnicker gemacht. Das konnte nicht lange gut gehen. Als ich mich trennte, hat sie mir ein schlechtes Gewissen eingeredet. Aber im Rückblick bin ich sicher, es war richtig so."

12. Tag

Reden und Raten

Wort der Schrift „In Jerusalem gibt es beim Schaftor einen Teich, zu dem fünf Säulenhallen gehören; dieser Teich heißt auf Hebräisch Betesda. In diesen Hallen lagen viele Kranke, darunter Blinde, Lahme und Verkrüppelte. Dort lag auch ein Mann, der schon achtunddreißig Jahre krank war. Als Jesus ihn dort liegen sah und erkannte, dass er schon lange krank war, fragte er ihn: Willst du gesund werden? Der Kranke antwortete ihm: Herr, ich habe keinen Menschen, der mich, sobald das Wasser aufwallt, in den Teich trägt. Während ich mich hinschleppe, steigt schon ein anderer vor mir hinein. Da sagte Jesus zu ihm: Steh auf, nimm deine Bahre und geh! Sofort wurde der Mann gesund, nahm seine Bahre und ging. Dieser Tag war aber ein Sabbat" (Joh 5,2-9).

Wort in den Tag „Ich habe keinen Menschen", ist die Klage des Mannes im Evangelium. Er hat keinen, der ihn in das Wasser trägt, damit er Heilung erfährt. „Ich habe keinen Menschen, mit dem ich reden kann", ist heute die Klage vieler. Keiner hat Zeit für mich. Wir hasten und eilen, für Plauderstündchen haben wir keine Zeit. Es fehlen uns Ansprechpartner, die Zeit haben. Uns fehlen Freunde, die verschwiegen sind und zu denen man Vertrauen hat. Wenn Ehen in einer Krise sind, gehen viele Partner zu Freund oder Freundin und sprechen sich aus. Doch solche Freunde fehlen oft. So nimmt man Zuflucht zu anonymen Gesprächspartnern, zur Telefonseelsorge oder zu Beratungsstellen. Ein guter Freund ist wie eine Notrufsäule, bei dem das SOS ankommt und verstanden wird. Die beste Medizin für den Menschen ist der Mensch. Sprechen ist das beste Heilmittel. In schwierigen Lebenslagen kann ein gutes Gespräch Wunder wirken.

Freundschaft ist der Raum des Gespräches. Der gute Rat gehört zu den wertvollsten Geschenken einer Freundschaft. Von Freunden nimmt man eher einen Ratschlag an. Reden und Raten sind wie eine strapazierfähige Brücke zwischen Freunden. Wer einen guten Freund hat, braucht keinen Spiegel.

Das Ratgeben war bei allen Völkern immer eine hohe Kunst. Es gab sehr bekannte Ratgeber der Könige und Päpste. Es gibt heute Spezialisten, die eine Regierung beraten. Es gibt Berufsberatung, Steuerberatung und Unternehmensberatung. Ein guter Rat wird heute hoch bezahlt. Die psychologische Beratung allerdings achtet darauf, dem Klienten nicht nur kluge Ratschläge zu erteilen, sondern ihn so zu begleiten, dass er die Lösung selbst findet.
Der Rat eines Freundes hat erstaunliche Wirkkraft. Von einem Freund, von dem ich weiß, dass er es gut mit mir meint, nehme ich sogar Kritik an. Ich versuche mich nach dem Ratschlag des Freundes zu ändern. Von einem Konkurrenten nehme ich keine Kritik an. Ich werde mich mit Argumenten verteidigen. Unser Gespräch wird zur Debatte. Wir sind dann wie „Nesthocker", die aufeinander einhacken. Keiner stellt sich infrage. Jeder muss Stärke zeigen, um sich zu behaupten. Im Dialog aber hört man aufeinander, stellt seine eigene Position in Frage und sucht gemeinsam nach einer guten Lösung. Freunde debattieren nicht, sondern suchen den Dialog. Deshalb können Freunde raten und aufeinander Einfluss nehmen. Freunde verstehen miteinander zu reden und zu raten.
Schon Cicero schrieb: „Was ist lieblicher, als einen Freund zu haben, mit dem man genauso sprechen darf wie mit sich selbst?" Ein solches Sprechen wird zur Selbstaussage und existenziellen Wahrhaftigkeit. Der Humus der Freundschaft ist Offenheit und Wahrhaftigkeit.
In „Dichtung und Wahrheit" erzählt Goethe, wie er sich vornimmt, einem Bekannten gründlich „den Kopf gerade zu setzen". Als er ihn traf, brachte er kein Wort heraus. Wenn der Bekannte ein Freund gewesen wäre, hätte Goethe ihn, ohne zu verletzen, kritisieren können. Echte Freunde können sich die Wahrheit sagen, auch die Kritik und die wunden Punkte ansprechen.

Zum Beispiel

Für die jungen genossen

Einer und ein freund und ein freund und ein freund
sag nicht das gibt vier
es sind mehr
das kleine einmaleins ist die freundschaft
das große die revolution

Fang mit dem kleinen an
denn ein freund herrscht nicht
ein freund hat immer zeit
oder er weiß einen der jetzt zeit hat
ein freund weiß immer rat
oder er kennt einen andern der rat weiß
ein freund ist immer zuständig
oder er findet wer zuständig ist

Das kleine einmaleins ist das netzwerk
das große die neue Stadt.

Dorothee Sölle

13. Tag
Achtsamkeit und Aufmerksamkeit

Wort der Schrift „Am Sabbat gingen wir durch das Stadttor hinaus an den Fluss, wo wir eine Gebetsstätte vermuteten. Wir setzten uns und sprachen zu den Frauen, die sich eingefunden hatten. Eine Frau namens Lydia, eine Purpurhändlerin aus der Stadt Thyatira, hörte zu; sie war eine Gottesfürchtige und der Herr öffnete ihr das Herz, sodass sie den Worten des Paulus aufmerksam lauschte. Als sie und alle, die zu ihrem Haus gehörten, getauft waren, bat sie: Wenn ihr überzeugt seid, dass ich fest an den Herrn glaube, kommt in mein Haus und bleibt da. Und sie drängte uns“ (Apg 16,13-15).

Wort in den Tag Aufmerksamkeit und Achtsamkeit sind Haltungen, die in der Begegnung mit dem Freund oder der Freundin königliche Tugenden sind.
In Philippi hat Paulus europäischen Boden betreten. Lydia, die Purpurhändlerin, war die erste Christin in Europa, die Gottes Wort hörte und aufmerksam aufnahm. Alles Neue beginnt, wenn wir „aufmerksam lauschen“. Aufmerksamkeit ist die Voraussetzung, um gläubig zu werden. Der Glaube kommt vom Hören, heißt es mehrmals in der Bibel.
Einmal kam ein junger Mann zu einem Meister der Schweigemeditation. Er bat ihn darum, ihm einige Lebensweisheiten aufs Papier zu schreiben, damit er sie seinem Freund mitbringen könnte. Der Meister nahm einen Pinsel zur Hand und schrieb nur ein einziges Wort auf: „Achtsamkeit“. Der Mann schaute enttäuscht. „Das kann doch nicht alles sein? Bitte, schreib noch etwas dazu.“ Wieder griff der Meister zum Pinsel und schrieb: „Achtsamkeit. Achtsamkeit.“
Was ist Achtsamkeit? Sie bedeutet, auf eine bestimmte Weise aufmerksam zu sein: bewusst, im gegenwärtigen Augenblick und ohne zu urteilen. Achtsamkeit heißt also, alles, was im gegenwärtigen Moment geschieht, bewusst wahrzunehmen. Wie oft bin ich gar nicht bei der Sache und versuche, mehrere Dinge gleichzeitig zu tun? Wenn ich telefoniere, dann blättere ich noch

in Schreibtischunterlagen oder in einem Buch. Schließlich fragt der andere: „Hören Sie mir noch zu?"
Gewohnheiten und eingeschliffene Vorurteile blockieren mich oft, Neues zu entdecken. Wenn ich einen Bekannten treffe, denke ich oft: „Ach, das kenne ich doch, was er sagt! Immer die gleiche Leier!" Wenn ich aber aufmerksam hinhöre, bin ich überrascht. Wer achtsam dem anderen gegenübertritt, entdeckt neue Seiten an ihm. Das Gespräch wird zu einer guten Begegnung.
Wenn Freunde achtsam einander begegnen, wird die Begegnung nie nur ein „Gut-Wetter-Gespräch". Man wird sich nicht nur nette Floskeln sagen. Wer sich auf den anderen freut, ganz offen und interessiert ist, ist überrascht, wie intensiv jede Begegnung wird.

Zum Beispiel Man hatte mich gewarnt: „Sie redet wie ein Wasserfall." Ich nahm mir vor zuzuhören. Nach einer Viertelstunde fragte sie: „Warum sagen Sie denn nichts?" Wir kamen in ein richtig gutes Gespräch.
Man nimmt einen Menschen erst dann richtig ernst, wenn man auf jedes Wort achtet, das er sagt, vielleicht sogar auf das, was er nicht sagt. Wer hat dieses Gespür für das Ungesagte? Ganz neu möchte ich immer wieder hören lernen.
Wenn ich mit Gott spreche – ich nenne das *beten* –, möchte ich darauf achten, dass ich nicht nur Bitten ausspreche, denn dann soll Gott meine Erwartungen erfüllen. Das Gebet aber ist zuerst unbegrenzte Achtsamkeit. Das Urwort des Menschen vor Gott heißt: „Hier bin ich, Herr!" Ich bin einfach da! Ich muss keine Leistung erbringen. Er schaut mich an, ich schaue Ihn an, das genügt. In der christlichen Tradition nennt man diese absichtslose Daseinsweise Kontemplation.

14. Tag
Absichtslose Begegnung

Wort der Schrift „Nach einigen Tagen machte sich Maria auf den Weg und eilte in eine Stadt im Bergland von Judäa. Sie ging in das Haus des Zacharias und begrüßte Elisabet. Als Elisabet den Gruß Marias hörte, hüpfte das Kind in ihrem Leib. Da wurde Elisabet vom Heiligen Geist erfüllt und rief mit lauter Stimme: Gesegnet bist du mehr als alle anderen Frauen und gesegnet ist die Frucht deines Leibes. Wer bin ich, dass die Mutter meines Herrn zu mir kommt? In dem Augenblick, als ich deinen Gruß hörte, hüpfte das Kind vor Freude in meinem Leib. Selig ist die, die geglaubt hat, dass sich erfüllt, was der Herr ihr sagen ließ“ (Lk 1,39-45).

Wort in den Tag Vielleicht kennen Sie das? Wenn ich mit großen Erwartungen zu einer Veranstaltung gehe, bin ich oft enttäuscht. Wenn ich aber nicht viel erwarte, werde ich oft überrascht. Doch ganz offen zu sein für das Neue, das fällt mir schwer. Meistens begegnen wir uns mit festen Absichten und Erwartungen. Wenn sie nicht eintreffen, sind wir enttäuscht.
„Was bringt mir das?“, ist zum Beispiel eine der Fragen, die immer bei mir im Hinterkopf anklopft. Wenn ich rede, möchte ich etwas erreichen. Ich gebrauche Argumente, um den anderen zu überzeugen. Ich spreche eine Bitte aus, um eine Gefälligkeit zu erreichen. Ich klage meine Not, um die Zuwendung des anderen zu finden. Unser Handeln und Denken ist zielorientiert. Wenn wir unser Ziel nicht erreichen, sind wir enttäuscht.
Anders aber geht es mir, wenn ich es schaffe, nicht sofort alles beurteilen zu wollen: Dann bin ich achtsam und lege nicht alles und alle auf meine eigenen Wünsche fest. Wer offen und absichtslos einem Menschen begegnet, entdeckt ganz andere Seiten an ihm. Ich verkürze und begrenze meine Erkenntnis aber, wenn ich nur auf meine eigenen Erwartungen fixiert bin.
Freundschaft ist für mich der Ort der absichtslosen Begegnung. In der Ehe spricht man vom „Zweck der Ehe“: die Ergänzung von Mann und Frau, die Gründung einer Gemeinschaft, die Kinder.

Bei Geschäftsverbindungen interessiert nur das Ergebnis, nicht der Verhandlungspartner. Wenn eine Freundschaft verzweckt wird, wenn der Freund berechnend gebraucht wird, zerbricht die Freundschaft schnell. Wenn ich einem Freund oder einer Freundin begegne, habe ich selten ein Anliegen, das mein Freund erfüllen soll. Ich freue mich einfach auf unsere Begegnung. Und oft sind solche „absichtslosen“ Begegnungen besonders schön.

Zum Beispiel ***In der Stille wächst Freundschaft***

Sein Leben umkrempeln und neu beginnen ist ein langer, mühsamer Weg. In jenem Sommer hat für mich nach einer Beichte ein neues Leben begonnen. Seither ging ich regelmäßig zur eucharistischen Anbetung in unsere Kirche. Dort konnte ich Jesus alles sagen. Die Stille wurde mir nie zu lang. Einmal musste ich dabei weinen.

Ich kniete in einer der vorderen Reihen. Da kam eine Frau aus unserer Gemeinde, die ich nur flüchtig kannte, an meine Seite. Sie kniete sich still neben mich. Obwohl wir nicht miteinander sprachen, spürte ich, dass sie in ihren Gedanken bei mir war und für mich betete. Welche Kraft ein solches Gebet geben kann! Schweigend schauten wir nach vorn auf die Monstranz, die im Licht stand. Die Frau blieb lange an meiner Seite. Zuletzt stand sie auf, schenkte mir ein Lächeln: „Einen schönen Abend wünsche ich Ihnen!“ Dann ging sie. So ähnlich hatte ich mir manchmal insgeheim Gottes Boten vorgestellt.

Inzwischen sind mehrere Jahre vergangen und wir sind gute Freundinnen geworden. Auch heute spüren wir unsere Verbundenheit mit Gott und miteinander besonders in Momenten der Stille.

Susanne Jeutner

15. Tag

Ehrfurcht haben

Wort der Schrift „Am folgenden Tag kamen sie nach Cäsarea. Kornelius erwartete sie schon und hatte seine Verwandten und seine nächsten Freunde zusammengerufen. Als nun Petrus ankam, ging ihm Kornelius entgegen und warf sich ehrfürchtig vor ihm nieder. Petrus aber richtete ihn auf und sagte: Steh auf! Auch ich bin nur ein Mensch" (Apg 10,24-26).

Wort in den Tag Einen alten Mitbruder fragte ich einmal, wie er auf die Frage antwortet: „Existiert Gott wirklich?" Da stand der alte Mann auf und verneigte sich vor mir. Das hat mich sehr berührt. Ich verstand ihn sofort. Jeder Mensch ist ein wunderbares Geschöpf aus Gottes Hand. In jedem Kunstwerk verehrt er den ewigen Künstler. Jeder Mensch ist eine Ikone Gottes.
In vielen Ländern Asiens begrüßt man den anderen, indem man sich vor ihm verneigt und mit der rechten Hand das Herz berührt. Gibt es eine schönere Gebärde, um die Wertschätzung und Achtung auszudrücken?
Wer ehrfürchtig lebt, kann den Mitmenschen groß sein lassen, ohne dass er Angst haben müsste, etwas dabei zu verlieren oder selbst zu klein auszusehen. Tiefe Verbeugung ist nicht nur ein Gestus, sondern eine Grundhaltung des Lebens. Wenn die anderen nur Lebenskonkurrenten sind, muss man sie klein machen. Wer aber achtsam lebt, wird staunend vor den Wundern des Lebens stehen.
Tiefe Verbeugung wird auch zum Ausdruck der Anbetung vor Gott, der alles so wunderbar geschaffen hat. Wer sein Knie beugt, wer eine tiefe Verneigung macht, drückt seine Ehrfurcht und Achtung aus. Sein Leib zeigt, was sein Herz bewegt: „Alles, was atmet, lobe den Herrn" (Psalm 150).
Jeder hat seine eigene Würde und Kostbarkeit. Alles, was erschaffen wurde, ist einmalig. Die ganze Schöpfung kennt keine Kopien, sondern nur Originale. Jedes Blatt am Baum ist einmalig unter Milliarden Blättern. Wenn ich darüber einen Augenblick nachdenke, begreife ich: Der Schöpfung darf ich nur mit Ehr-

furcht begegnen. Schöpfung ist mehr als die Natur, die zum Objekt unserer Ausbeutung wird. Und der Mensch ist die Krone der Schöpfung. Manchmal ist der andere aber mein Konkurrent oder sogar mein Feind. In der Freundschaft aber bestimmen Achtung und Vertrauen unser Verhältnis. Die Freundschaft ist der Ort, wo wir einander schätzen und in Ehrfurcht begegnen. Achtsamkeit ist eine Frucht der Ehrfurcht. In Achtung vor der Würde des anderen trete ich ihm ehrfürchtig entgegen. Ehrfurcht ist der wesentliche Therapiegedanke für die Regulierung der heutigen Probleme. Denn die Ehrfurcht lehrt uns eine korrekte, ja liebevolle Verhaltensweise im Umgang mit Menschen und den Dingen dieser Welt. Ehrfurcht wird zum Schlüsselwort für die kommende Zeit. Wer ehrfürchtig an irgendein Ding dieser Welt herantritt, der wird es nicht brutal vergewaltigen.

Zum Beispiel *Universale Freundschaft*
Der heilige Franz von Assisi ist für mich so ein Mann der Ehrfurcht. Franziskus nennt alle Geschöpfe Bruder und Schwester. Er spricht mit der Grille und predigt den Vögeln, den reißenden Wolf macht er zahm wie ein Lamm. Wenn Franziskus auf seinem Weg einen Wurm sieht, dann nimmt er ihn aus der Gefahrenzone. Mit Zärtlichkeit und Ehrfurcht begegnet er allem.
Wenn Franziskus im Sonnengesang unsere Erde als Mutter und auch Schwester der Menschen bezeichnet, dann wird der Mensch in die Erde eingebunden. Wenn Gott und Mensch und Welt ganz eng miteinander verbunden sind, dann gehe ich ehrfurchtsvoller mit allem um. Eine geschwisterliche Welt wird sichtbar. Ob es eine universale Freundschaft geben kann?
Eine Verneigung – das kann ein Zeichen zur Einübung der Ehrfurcht und Freundschaft sein. Vielleicht werde ich das heute auch ab und zu versuchen, äußerlich oder auch nur innerlich: mich vor den Menschen, die mir begegnen, zu verneigen.

16. Tag

Schwächen ertragen und Versöhnung einüben

Wort der Schrift „Lasst euch durch den Zorn nicht zur Sünde hinreißen! Die Sonne soll über eurem Zorn nicht untergehen ... Über eure Lippen komme kein böses Wort, sondern nur ein gutes, das den, der es braucht, stärkt, und dem, der es hört, Nutzen bringt. Beleidigt nicht den Heiligen Geist Gottes, dessen Siegel ihr tragt für den Tag der Erlösung. Jede Art von Bitterkeit, Wut, Zorn, Geschrei und Lästerung und alles Böse verbannt aus eurer Mitte! Seid gütig zueinander, seid barmherzig, vergebt einander, weil auch Gott euch durch Christus vergeben hat“ (Eph 4,26-32).

Wort in den Tag „Dort ist man daheim, wo man schwach sein darf.“ Freunde brauchen voreinander nicht den „starken Mann“ zu markieren. Freunde müssen nicht voreinander glänzen. Freunde ertragen die Schwächen des anderen. Sie blamieren sich nicht gegenseitig, wenn einer versagt. Sie versuchen, die Schwäche des anderen auszubügeln. Manchmal ergänzen sich gute Freunde in ihren Stärken und in ihren Schwächen.
Für jede Freundschaft ist wichtig, dass Freundinnen und Freunde Versöhnung einüben. Wie in der Familie, so muss man auch in der Freundschaft Rituale kennen, mit denen man sich leichter wieder versöhnt. Um Verzeihung zu bitten, ist manchmal zu schwierig. Die Zeichen und Gesten der Versöhnung sind unterschiedlich. Schon Kinder lehrt man, sich nach einem Streit die Hände zu reichen.
Manchmal sagen und tun wir Dinge, die jemand anderen verletzen. Wenn der Ärger verraucht ist, tut es uns leid und eigentlich ist es ganz einfach, dann zu sagen: „Es tut mir leid, entschuldige bitte.“ Manchmal sind die Verletzungen schwerer. Die Wunde heilt nicht sofort wieder. Aber Eifersucht und Misstrauen zwischen Freunden können ein schleichendes Gift sein. Wichtig ist dann, dass keiner „den Maulwurf macht“ und sich mit dem Problem eingräbt. Der Maulwurfshügel bleibt der sichtbare Vorwurf. Eine Wiese kann so zum Kriegsschauplatz werden. Maul-

würfe müssen ans Licht kommen. Miteinander sprechen ist ein möglicher Weg. Manchmal hilft ein neutraler Dritter.
Wer Christ ist und glaubt, kann Brücken zum anderen leichter finden. „Seid barmherzig, wie euer himmlischer Vater barmherzig ist!“ (vgl. Lk 6,36), sagte Jesus zu seinen Jüngern. Barmherzigkeit ist eines der schönsten Worte für mich, das immer wieder in der Schrift von Gott gesagt wird. Barmherzig sein heißt wörtlich: bei Armen sein Herz haben.

Zum Beispiel Was ist mir wichtig? Die Eucharistiefeier mit meiner Brüdergemeinschaft. Wenn ich mit meiner Gemeinschaft die Konventmesse feiere, ist mir ein Wort besonders wichtig. Es ist für mich wie ein Schlüssel zum Verständnis der Liturgie: „Wir feiern, was uns fehlt.“ Wir feiern den Frieden, obwohl unsere Tage voller Gewalt und Missgunst sind. Wir feiern Versöhnung, obwohl der Streit manchmal mitten durch unsere Reihen geht. Wir feiern, was uns fehlt. Und feiernd begreife ich, dass ich etwas ändern kann. Es muss nicht so bleiben, wie es ist. Wir reichen in der Messe einander die Hand und geben uns den Friedensgruß. Wir erfahren, dass die ersten Schritte zu Friede und Versöhnung mitten unter uns möglich sind. Und die Hand, die ich reiche, versucht, in den vielen Stunden des Tages das Herz nachzuholen.

Biblische Freundschaft

17. Tag

Jonatan und David

Wort der Schrift „Nach dem Gespräch Davids mit Saul schloss Jonatan David in sein Herz. Und Jonatan liebte David wie sein eigenes Leben. Saul behielt David von jenem Tag an bei sich und ließ ihn nicht mehr in das Haus seines Vaters zurückkehren. Jonatan schloss mit David einen Bund, weil er ihn wie sein eigenes Leben liebte. Er zog den Mantel, den er anhatte, aus und gab ihn David, ebenso seine Rüstung, sein Schwert, seinen Bogen und seinen Gürtel. David zog ins Feld und überall, wohin Saul ihn schickte, hatte er Erfolg" (1 Sam 18,1-5).

Wort in den Tag Die hebräische Sprache hat keinen besonderen Ausdruck für „Freund", man spricht vom Gefährten oder vom Nächsten. Doch was menschliche Freundschaft ist, kennt das Erste Testament auch. Ein besonders schönes Beispiel ist die Freundschaft zwischen David und Jonatan, dem Sohn des Königs Saul. Als Saul auf den Hirtenknaben David, der den Goliat besiegt hatte, eifersüchtig wurde, kam David in Gefahr. Aus Neid wollte Saul den David umbringen lassen.
Saul ließ David zum Königshof kommen. Bei diesem Treffen verband sich das Herz Jonatans mit dem Herzen Davids. Und Jonatan schloss mit David einen Bund, denn er hatte ihn lieb wie sein eigenes Herz. Und Jonatan zog seinen Mantel aus, den er anhatte und gab ihn David, dazu seine Rüstung, sein Schwert, seinen Bogen und seinen Gürtel. Er entblößt sich gleichsam vor dem neuen Freund und übergibt ihm seine Kleidung und seine Waffen. Es war ein öffentliches Zeichen für die völlige Offenheit und arglose Freundschaft mit David.
Diesen Gesten voraus geht ein Bundesschluss, wie wir es beim Abschluss von Freundschaftsbünden in der Antike kennen. Vor Gott soll dieser Bund unauflöslich sein, was auch in der Wiederholung des Freundschaftsschwures zum Ausdruck gebracht wird: „Dann ließ Jonatan den David noch einmal schwören bei seiner Liebe zu ihm; denn er war ihm in herzlicher Liebe zugetan" (1 Sam 20,17). Durch den Schwur und durch

das Geschenk der persönlichen Rüstung wird der Freund zum zweiten Ich des Freundes.
Aus Eifersucht über die fortwährenden Siege Davids wird Saul zum Feind, der sogar den Tod Davids plant. Der junge Jonatan aber steht zu seinem Freund; nicht öffentlich, aber im Stillen warnt er David vor dem Zorn seines Vaters und dem geplanten Mordanschlag. Er ist mit seinem Vater Saul nicht einverstanden und hält zu David. Das war für Jonatan ein heftiger innerer Konflikt. Aber Freundschaft ist stärker als die Bande der Verwandtschaft.
So groß ist ihre Freundschaft, dass Jonatan wünscht, David möge König werden. Er ist mit dem zweiten Platz einverstanden. „Als David in Horescha in der Steppe Sif war, brach Jonatan, der Sohn Sauls, auf und ging zu David nach Horescha; er stärkte Davids Vertrauen auf Gott. Er sagte zu ihm: Fürchte dich nicht; die Hand meines Vaters Saul wird dich nicht erreichen. Du wirst König über Israel sein, und ich werde der Zweite nach dir sein. Auch mein Vater Saul weiß das. Und die beiden schlossen vor dem Herrn (erneut) einen Bund“ (1 Sam 23,15-18).
Schließlich fallen beide, Saul und Jonatan im Kampf, gegen die Philister. Als die Todesnachricht David überbracht wird, zerreißt er seine Kleider und trauert um beide, um seinen Feind Saul und um seinen Freund Jonatan: „Ach, die Helden sind gefallen mitten im Kampf. Jonatan liegt erschlagen auf deinen Höhen. Weh ist mir um dich, mein Bruder Jonatan. Du warst mir sehr lieb. Wunderbarer war deine Liebe für mich als die Liebe der Frauen“ (2 Sam 1,25-26).

Zum Beispiel *Hymne auf die Freundschaft*
Aelred von Rieval, Abt eines Zisterzienserklosters in England, schreibt im 12. Jahrhundert diesen „Hymnus“ auf die Freundschaft. Auch David hätte so über seinen Freund Jonatan sprechen können.
Der Weise sagt: ,,Ein Lebensbalsam ist ein treuer Freund.“ Nichts wahrer als das! So kräftig, wirksam und heilend ist für Körperwunden keine Arznei, als jemanden zu haben, der uns mitleidig hilft in jedem Leid und jede Freude treu mit uns teilt. Schulter an Schulter tragen sie, wie der Apostel sagt, „einer des anderen

Last“ (vgl. Gal 6,2). Es sei denn, dass jeder die eigene Unbill leichter trägt als die des Freundes.
Freundschaft lässt das Glück heller strahlen, das Leid aber teilt sie, teilt sie miteinander, lässt es leichter tragen. Demnach ist es wirklich wahr: „Ein Lebensbalsam ist ein treuer Freund.“ Selbst die Philosophen der Heiden wussten es: Weder Wasser noch Feuer brauchen wir allerorts so sehr wie den Freund. In jedwedem Tun und Streben, in der Gewissheit wie im Zweifel, in jedem Ereignis und in jeglicher Lage, daheim ebenso wie in der Öffentlichkeit, in jeder Verlegenheit ist die Freundschaft eine Wohltat, der Freund dein Helfer, seine Liebe ein Segen. Freunde, sagt Cicero, sind sich nahe, wenn sie getrennt sind, sind reich, auch wenn sie arm sind, sind hilfsbereit, auch wenn sie krank sind, ja, was unmöglich zu sein scheint, leben, auch wenn sie gestorben sind. Freundschaft empfinden die Reichen als Ehre, die Verbannten als Heimat, die Armen als ihr Auskommen, die Kranken als Arznei, die Toten als Leben, die Gesunden als Geschenk, die Schwachen als Kraft, die Starken als Preis und Zierde. Den Freunden folgt so viel Ehre, Erinnerung, Lob und Heimweh nach, dass ihr Leben lobenswert, ihr Sterben selig gepriesen wird. Und was mehr als all dieses gilt: Die Freundschaft ist eine gewisse hohe Stufe, ganz nahe der Vollkommenheit, die in der Gottes- und Nächstenliebe besteht. Durch sie wird der Mensch aus einem Menschenfreund zum Gottesfreund, gemäß dem Wort des Heilands im Evangelium: „Ich nenne euch nicht mehr Knechte, sondern meine Freunde“ (vgl. Joh 15,15).

18. Tag
Noomi und Rut

Wort der Schrift „Wohin du gehst, dahin gehe auch ich, und wo du bleibst, da bleibe auch ich. Dein Volk ist mein Volk, und dein Gott ist mein Gott. Wo du stirbst, da sterbe auch ich, da will ich begraben sein. Der Herr soll mir dies und das antun – nur der Tod wird mich von dir scheiden" (Rut 1,16-17).

Wort in den Tag Selten wird in der Bibel die Freundschaft unter Frauen beschrieben. Im Alten Testament gibt es ein eigenes, kleines Buch über die Freundschaft zwischen zwei Frauen.
Das Buch Rut schildert, wie Noomi mit ihrem Mann und den zwei Söhnen während einer Hungersnot von Betlehem zu den Moabitern am Toten Meer zog. Die beiden Söhne heirateten dort Orpa und Rut. Nach zehn Jahren starben die Söhne. Da Noomi inzwischen auch verwitwet war, standen die drei Frauen allein. Noomi machte sich mit ihren beiden Schwiegertöchtern auf den Weg, um nach Betlehem heimzukehren. Unterwegs wollte Noomi die Schwiegertöchter überreden, zu ihren Müttern zurückzukehren. Unter Tränen ging Orpa zurück zu den Moabitern.
Aber bei Rut half keine Überredungskunst. Sie ließ sich nicht einfach abschütteln. Sie blieb bei Noomi. „Noomi sagte: Du siehst, deine Schwägerin kehrt heim zu ihrem Volk und zu ihrem Gott. Folge ihr doch! Rut antwortete: Dränge mich nicht, dich zu verlassen und umzukehren. Wohin du gehst, dahin gehe auch ich, und wo du bleibst, da bleibe auch ich. Dein Volk ist mein Volk und dein Gott ist mein Gott. Wo du stirbst, da sterbe auch ich, da will ich begraben sein. Der Herr soll mir dies und das antun – nur der Tod wird mich von dir scheiden. Als sie sah, dass Rut darauf bestand, mit ihr zu gehen, redete sie nicht länger auf sie ein. So zogen sie miteinander bis Betlehem" (Rut 1,15-19).
Freundschaft kann nicht schöner und persönlicher in Worten ausgedrückt werden, wie Rut ihre Zuneigung und Treue der Noomi zuspricht. Noch heute werden diese Worte gerne bei Trauungen zitiert. Dieser Freundschaftsschwur hat über Jahrhunderte nichts von seiner Kraft verloren. Auch in Zukunft werden

junge Menschen ihre Sehnsucht nach Treue und verlässlicher Liebe mit den Worten der Rut ausdrücken.
Diese schönste Freundschaftsgeschichte des Alten Testamentes findet ein Happy End. Beim Ährenlesen lernt der Grundbesitzer Boas die verwitwete Rut kennen. Er ist begeistert von der Treue und Freundschaft der Rut. In der Mittagspause beim Ährenlesen sagte Boas zu ihr: „Mir wurde alles berichtet, was du nach dem Tod deines Mannes für deine Schwiegermutter getan hast, wie du deinen Vater und deine Mutter, dein Land und deine Verwandtschaft verlassen hast und zu einem Volk gegangen bist, das dir zuvor unbekannt war. Der Herr, der Gott Israels, zu dem du gekommen bist, um dich unter seinen Flügeln zu bergen, möge dir dein Tun vergelten und dich reich belohnen.“ Sie sagte: „Du bist sehr gütig zu mir, Herr. Du hast mir Mut gemacht und so freundlich zu deiner Magd gesprochen“ (Rut 2,11-13).
Boas heiratet Rut. Der gemeinsame Sohn Obed wird der Vater Isais und ist somit der Großvater Davids.

Zum Beispiel *Geschenkte Zeit*

Sie hatte eine neue Stelle in einem Büro angenommen, die erste außerhalb ihrer Heimatstadt. Schon bald lernte sie Siegfried kennen, einen jungen aufrichtigen Mann, der ihr Zuneigung und Liebe schenkte. Sie heirateten.
Das Leben war schön! – auch wenn das Geld knapp bemessen war, denn viel zu verdienen gab es nicht. Es waren die frühen Sechzigerjahre. Siegfried reparierte Nähmaschinen und sie war tagsüber im Büro. Doch es war die Zeit, die Zukunft verhieß, eine Zeit mit der berechtigten Perspektive auf bessere Zeiten. Aufbruchstimmung! Zufriedenheit und die Verlässlichkeit aufeinander, machten beide zu zwei glücklichen Menschen.
Schließlich wurde Melanie geboren – das Kind, das ihre Liebe krönte. Das Leben, das sie miteinander führten, war voller Harmonie und Wohlergehen, ein Leben der erfüllten Erwartungen und Wünsche.
Melanie war vier Jahre alt, als sie an Hirnhautentzündung erkrankte. Es folgten lange Tage und Nächte voller Bangen, an denen sie dem Tod näher war als dem Leben. Sie hat Dank der Kunst der Ärzte schließlich überlebt, doch fortan war sie geistig

behindert. Die Krankheit hatte ihren Tribut gefordert. Das Schicksal hatte hart zugeschlagen, aber da sich beide in Liebe zugetan waren, waren sie zuversichtlich: Wir schaffen dies gemeinsam mit Melanie in unserer Mitte.
Zwei Jahre später erkrankte Siegfried an Krebs. Es war ein Krebs, der sich bald seines ganzen Körpers bemächtigte. Er wusste, dass er bald sterben würde und seine Frau mit dem behinderten Kind allein zurücklassen müsste. Gedanken, die schwerer wogen als alle schmerzhaften und letztlich aussichtslosen Behandlungen.
Ulrike verbrachte jede freie Stunde an seinem Bett. Viel hätten beide sich noch zu sagen gehabt, aber es schien auf einmal schwierig zu sein und zu banal für das, was zu sagen wichtig war; in dieser Zeit, in der jeder Augenblick kostbar war und doch so unbarmherzig zerrann.
Längst waren alle ihre Urlaubstage aufgebraucht. Und die Möglichkeit, eine unbezahlte Auszeit zu nehmen, gab es nicht. Damals, in den Sechzigern, war alles auf Aufschwung und Gewinn ausgerichtet. Die Arbeitszeit betrug wöchentlich 42 Stunden und Urlaubstage gab es nur 19 im ganzen Jahr. In diesen Jahren nahm man wenig Rücksicht auf die persönlichen Bedürfnisse der Menschen.
Und dann geschah etwas Unglaubliches, etwas ganz Großartiges: Die Kollegen, mit denen sie bisher nur losen, kollegialen Umgang pflegte, traten vor Ulrike hin und sagten: „Gehen Sie nach Hause! Ihr Mann und Ihre Tochter brauchen Sie mehr und dringender als die Firma. Wir haben uns zusammengetan und werden Ihre Arbeit übernehmen. Wir verzichten auf unseren eigenen Urlaub und schenken Ihnen unsere freien Tage. Im nächsten Jahr gibt es dann ja wieder für uns Urlaub."
Ulrike konnte dank der Großherzigkeit ihrer Kollegen ihren Mann bis in den Tod hinein begleiten. Sie war gerade 28 Jahre alt, als sie Witwe wurde.

Mechthild Grüning

19. Tag

Jesus, der Freund der Sünder und Zöllner

Wort der Schrift „Alle Zöllner und Sünder kamen zu ihm, um ihn zu hören. Die Pharisäer und die Schriftgelehrten empörten sich darüber und sagten: Er gibt sich mit Sündern ab und isst sogar mit ihnen.
Da erzählte er ihnen ein Gleichnis und sagte: Wenn einer von euch hundert Schafe hat und eins davon verliert, lässt er dann nicht die neunundneunzig in der Steppe zurück und geht dem verlorenen nach, bis er es findet? Und wenn er es gefunden hat, nimmt er es voll Freude auf die Schultern, und wenn er nach Hause kommt, ruft er seine Freunde und Nachbarn zusammen und sagt zu ihnen: Freut euch mit mir; ich habe mein Schaf wiedergefunden, das verloren war. Ich sage euch: Ebenso wird auch im Himmel mehr Freude herrschen über einen einzigen Sünder, der umkehrt, als über neunundneunzig Gerechte, die es nicht nötig haben umzukehren" (Lk 15,1-7).

Wort in den Tag In der Antike war der Begriff der Freundschaft mehr oder weniger auf den kleinen Kreis der ausgewählten Freunde beschränkt. Im Evangelium begegnen wir einem ganz anderen Begriff von Freundschaft. Nur einmal wird Jesus im Lukasevangelium Freund genannt. Jesus zitiert den Vorwurf der Gegner: „Der Menschensohn ist gekommen, er isst und trinkt; darauf sagt ihr: Dieser Fresser und Säufer, dieser Freund der Zöllner und Sünder!" (Lk 7,34). Jesus wollte ja Freund der Armen sein, nicht im Sinne einer Kumpanei, sondern als Freund, der sich für Zöllner und Sünder einsetzt.
Seine Suche nach Verlorenen und Ausgegrenzten ist anschaulich im Gleichnis vom guten Hirten dargestellt. Der gute Hirte geht dem einen verlorenen Schaf nach. Er lässt die 99 Schafe, die ihn nicht brauchen, zurück. Als er das verlorene Schaf findet, nimmt er es auf seine Schultern und trägt es heim. „Freut euch mit mir! Es ist wiedergefunden worden." Das ist Grund für ein Fest. Der gute Hirte ist ein Urbild der Sorge und Freundschaft, das sich tief in die Herzen der ersten Christen eingeprägt hat.

Die Notleidenden, die Randexistenzen holt Jesus in seinen Freundeskreis. Die Seligpreisungen der Bergpredigt (Mt 5,1-12) könnte man so übersetzen: Statt des „Selig sind" – „Meine Freunde sind" die, die Hunger und Durst haben, die trauern und barmherzig sind, die Not leiden und krank sind.
In besonderer Weise ist im Orient das Mahl Ausdruck der Freundschaft. Dazu werden fast ausschließlich nur Freunde geladen. Jesus stellt aber die Regel auf: „Wenn du ein Mahl hältst, so lade nicht deine Freunde, Brüder, Verwandten oder die reichen Nachbarn ein" (Lk 14,12). Es sind „die Armen, Krüppel, Lahmen und Blinden", die im Evangelium zu den Mahlzeiten als Gastfreunde geladen werden sollen. Wenn Jesus mit Sündern und Zöllnern isst, dann ist das für fromme Juden nicht nur ein Verstoß gegen gute Tischsitten. Es macht sie zornig, denn das Mahl ist für sie eine kultische Feier und vor Gottes Angesicht kann für sie nur ein Gerechter Gast sein.
Diese Mauern der antiken Exklusivität will Jesus durchbrechen und gerade jene zu Tisch bitten, die sonst keinen Tisch haben. So wie der heimkehrende Sohn von seinem barmherzigen Vater zum Festmahl geladen wird (Lk 15,11-32), so sind alle einst zum himmlischen Gastmahl geladen.
Wenn hier der Schlüssel zum neutestamentlichen Freundschaftsbegriff liegt, wird auch klar, aus welchen Schichten Jesus seine Freunde wählte. Es sind die Armen und Kranken, Mühseligen und Beladenen, die Ausgeflippten und Ausgebeuteten. Das ganze ABC von Not könnte hier durchbuchstabiert werden. Die bevorzugten Freunde Jesu sind die Armen.

Zum Beispiel

Einwanderungsland Himmel

Himmel – Einwanderungsland
für Menschen aller Völker, Rassen,
Sprachen und Nationen

Himmel – Einwanderungsland
mit ausdrücklicher und herzlicher Einladung
an alle und jeden

Himmel – Einwanderungsland
für Hungernde und Dürstende nach Frieden,
Wahrheit, Gerechtigkeit und Glück für alle

Himmel – Einwanderungsland
für Heilige und Sündenböcke,
Gläubige und Zweifler,
Arme und Reiche

Himmel – Einwanderungsland
für alle, die einen neuen Himmel
und eine neue Erde suchen –
wo Liebe bestimmt, was geschieht

Himmel – Einwanderungsland
Wer einmal eingewandert ist,
wird nie mehr abgeschoben.

KLEMENS NODEWALD

20. Tag
Wie lieb er Lazarus hatte

Wort der Schrift „Als Maria dorthin kam, wo Jesus war, und ihn sah, fiel sie ihm zu Füßen und sagte zu ihm: Herr, wärst du hier gewesen, dann wäre mein Bruder nicht gestorben. Als Jesus sah, wie sie weinte und wie auch die Juden weinten, die mit ihr gekommen waren, war er im Innersten erregt und erschüttert. Er sagte: Wo habt ihr ihn bestattet? Sie antworteten ihm: Herr, komm und sieh! Da weinte Jesus. Die Juden sagten: Seht, wie lieb er ihn hatte!
Einige aber sagten: Wenn er dem Blinden die Augen geöffnet hat, hätte er dann nicht auch verhindern können, dass dieser hier starb? Da wurde Jesus wiederum innerlich erregt und er ging zum Grab. Es war eine Höhle, die mit einem Stein verschlossen war. Jesus sagte: Nehmt den Stein weg! Marta, die Schwester des Verstorbenen, entgegnete ihm: Herr, er riecht aber schon, denn es ist bereits der vierte Tag.
Jesus sagte zu ihr: Habe ich dir nicht gesagt: Wenn du glaubst, wirst du die Herrlichkeit Gottes sehen? Da nahmen sie den Stein weg. Jesus aber erhob seine Augen und sprach: Vater, ich danke dir, dass du mich erhört hast. Ich wusste, dass du mich immer erhörst; aber wegen der Menge, die um mich herum steht, habe ich es gesagt; denn sie sollen glauben, dass du mich gesandt hast. Nachdem er dies gesagt hatte, rief er mit lauter Stimme: Lazarus, komm heraus! Da kam der Verstorbene heraus; seine Füße und Hände waren mit Binden umwickelt, und sein Gesicht war mit einem Schweißtuch verhüllt. Jesus sagte zu ihnen: Löst ihm die Binden und lasst ihn weggehen!" (Joh 11,32-44).

Wort in den Tag *Er weinte um seinen Freund*
„Seht, wie lieb er ihn hatte", sagten die Trauergäste. Jesus weinte. Er weinte über den Tod seines Freundes Lazarus. Alle weinten, und Jesus war „im Innersten erregt und erschüttert". Der überlieferte Text beschreibt die emotionale Erregung Jesu. Wenn der beste Freund stirbt, ist der Schmerz übergroß. Tränen sind Ausdruck der tiefen Erschütterung. Tränen sind Zeichen einer tiefen

Verbundenheit mit dem Verstorbenen. „Seht, wie lieb er ihn hatte!" Ich finde Jesus sympathisch wegen dieser menschlichen Regung.

Über Lazarus, den Bruder der Maria und Marta, berichtet nur der Evangelist Johannes im 11. Kapitel seines Evangeliums. Jesus war mit den Geschwistern befreundet und besuchte öfter ihr Haus in Betanien. Auch Lukas berichtet: „Sie zogen zusammen weiter, und er kam in ein Dorf. Eine Frau namens Marta nahm ihn freundlich auf. Sie hatte eine Schwester, die Maria hieß. Maria setzte sich dem Herrn zu Füßen und hörte seinen Worten zu. Marta aber war ganz davon in Anspruch genommen, für ihn zu sorgen" (Lk 10,38-40).

Wir müssen uns vorstellen, dass Jesus und seine Jünger Wanderprediger waren. Da war es für sie wichtig, gute Adressen zu wissen, wo sie einkehren konnten. Jesus gab deshalb seinen Jüngern die Verhaltensregel mit auf den Weg: „Wenn ihr in eine Stadt oder in ein Dorf kommt, erkundigt euch, wer es wert ist, euch aufzunehmen; bei ihm bleibt, bis ihr den Ort wieder verlasst. Wenn ihr in ein Haus kommt, dann wünscht ihm Frieden" (Mt 10,11-12). Das Haus der drei Geschwister Lazarus, Marta und Maria war immer offen für Jesus. Alle drei waren freundschaftlich verbunden mit Jesus. Solche Liebe und Freundschaft überwindet den Tod.

Jesus war innerlich ergriffen. Der Vorwurf klang in seinen Ohren wie Hohn: „Konntest du nicht verhindern, dass dein Freund starb?" Er kämpft gegen den Tod. Er findet sich nicht ab. „Nehmt den Stein weg!", sagte Jesus. Sein Freund muss leben. Räumt den Stein weg, der den Glauben blockiert. Immer wieder hatte er es gesagt, immer wieder hatte er es erfahren: Wer glaubt, vermag alles!

Das Leben des Freundes wurde sein eigener Tod. Die Erweckung des Lazarus wurde zum Anlass, dass die Juden den Tod Jesu beschlossen. Auch Lazarus wollten sie töten. „Viele Juden hatten erfahren, dass Jesus dort war, und sie kamen, jedoch nicht nur um Jesu willen, sondern auch um Lazarus zu sehen, den er von den Toten auferweckt hatte. Die Hohenpriester aber beschlossen, auch Lazarus zu töten, weil viele Juden seinetwegen hingingen und an Jesus glaubten" (Joh 12,9-11). Freundschaft bis in den

Tod. Ich vermute, es wäre für Lazarus ein glorreicher Schlusspunkt ihrer Freundschaft gewesen: für Jesus und mit Jesus zu sterben.

Zum Beispiel Nach dem Tod seines liebsten Freundes schreibt Augustinus: „Ich hatte das Gefühl, dass seine Seele und meine Seele eine Seele in zwei Leibern gewesen war. Und darum grauste mir nun vor dem Leben, weil ich nicht als halber Mensch leben wollte. Und darum hatte ich vielleicht auch solche Angst zu sterben, weil ich nicht wollte, dass der Freund, den ich so sehr geliebt hatte, ganz sterben müsste.
Ich fieberte, ich stöhnte, ich weinte und war durcheinander; ich fand keine Ruhe und keinen Rat. Ich musste meine zerrissene und blutende Seele tragen, und sie hielt es nicht aus, von mir getragen zu werden, und ich fand keinen Ort, wo ich sie hätte lassen können. In herrlichen Wäldern nicht, im Spiel und Gesang nicht, an Orten voller Wohlgeruch nicht, bei gut zubereiteten Mahlzeiten nicht, bei den Freuden im Bett nicht, und auch bei Büchern und Dichtungen konnte sie nicht zur Ruhe kommen. Vor allem grauste mir, sogar vor dem Tageslicht. Alles, was nicht mein Freund war, war mir zuwider und stieß mich ab, nur nicht die Seufzer und die Tränen. Nur darin fand meine Seele etwas Ruhe. Doch sobald sie sich davon wieder lösen wollte, drückte mich die schwere Last meines Unglücks wieder zu Boden.
Zu dir, Herr, hätte ich meine Seele erheben sollen, dass du sie heilst. Ich wusste das wohl, aber ich wollte es nicht und konnte es nicht, um so weniger, als du für mich noch nichts Solides und Festes warst"(Conf. IV,6-7).

21. Tag
„Marta nahm ihn freundlich auf“

Wort der Schrift „Jesus kam in ein Dorf. Eine Frau namens Marta nahm ihn freundlich auf. Sie hatte eine Schwester, die Maria hieß. Maria setzte sich dem Herrn zu Füßen und hörte seinen Worten zu. Marta aber war ganz davon in Anspruch genommen, für ihn zu sorgen. Sie kam zu ihm und sagte: Herr, kümmert es dich nicht, dass meine Schwester die ganze Arbeit mir allein überlässt? Sag ihr doch, sie soll mir helfen!
Der Herr antwortete: Marta, Marta, du machst dir viele Sorgen und Mühen. Aber nur eines ist notwendig. Maria hat das Bessere gewählt, das soll ihr nicht genommen werden“ (Lk 10,38-42).

Wort in den Tag Die Gastfreundschaft Martas ist ein typisch orientalisches Beispiel. Gastfreundschaft war nicht nur eine Selbstverständlichkeit, sondern der Gast war heilig, weil Gott selbst wie ein Engel Einkehr halten kann, wie die Abrahamerzählung zeigt. Hat dies Jesus plötzlich bei Marta vergessen? Warum weist er Marta so unhöflich und brüskierend zurück? Es ist unwahrscheinlich, dass Jesus die Gastfreundschaft ablehnt. In der vorausgehenden Erzählung vom barmherzigen Samariter fordert Jesus in letzter Konsequenz zur Nächstenliebe auf. Der Samariter bringt den unter die Räuber Gefallenen in die Herberge und bezahlt sogar die Unkosten der Pflege und Übernachtung (vgl. Lk 10,25-37). Wie sollte Jesus die Gastfreundschaft der Marta ablehnen? Es war das Haus seines Freundes Lazarus. Er war doch oft hier eingekehrt.
Maria sitzt wie der Schüler eines Rabbi zu Füßen Jesu und „hört sein Wort“. Bereits mit dieser Wendung ist ein Thema angeschlagen, das dem Evangelisten Lukas sehr wichtig ist: Der Jünger Jesu ist ein „Hörer des Wortes Gottes“. Als Marta sich aufregt, dass ihre Schwester Maria herumsitzt und nichts tut, fordert sie Jesus auf: „Sag ihr doch, sie soll mir helfen!“ Doch Jesus ergreift die Partei der Maria: „Marta, Marta, eines nur ist wichtig!“ Der Küchendienst und die Gastfreundlichkeit werden damit nicht abgewertet. Aber die Aktivität kann uns so besetzen, dass wir den Wert des „Hörens auf Gottes Wort“ verlernen.

Das eine also, was notwendig ist? Auf jeden Fall gelten in der Nähe Jesu andere Maßstäbe. Wenn er, Jesus, da ist, wenn Gottes Wort zur Mitte wird und damit zum Mittelpunkt im Leben, dann ist das Richtige gewählt und dann werden andere Dinge zweitrangig.
Wofür Marta und Maria stehen, hat Hermann Hesse so ausgedrückt: „Wir sollen nicht aus der Vita activa in die Vita contemplativa fliehen, noch umgekehrt, sondern zwischen beiden wechselnd unterwegs sein, in beiden zuhause, an beiden teilhaben." Dies ist in unser konkretes Leben zu übersetzen. Das ist eine uralte Erfahrung: Wer zuerst schweigt, darf reden. Nur wer in der Wüste daheim ist, hat auf dem Marktplatz etwas anzubieten.
Und auch diese Erkenntnis ist mir wichtig: Gastfreundschaft heißt, nicht nur ganz schnell zu kochen und den Tisch zu decken, sondern auch Zeit für den Gast zu haben. Wer ein Glas Wein kredenzt, sich ohne Nervosität hinsetzt und aufmerksam zuhört, ist eine gute Gastgeberin, ein guter Gastgeber. Dann sind beide, der Gast und der Gastgeber, einem Engel begegnet.

Zum Beispiel ***Freundschaft ermöglichen***

Meine Nichte Bianca (8 Jahre) und ihre Brüder, Simon (6 Jahre) und Oliver (3 Jahre), sind aufgeweckte Kinder. Fortwährend haben sie Lust zum Spielen und Toben, sind auf Entdeckungsreisen in der Natur unterwegs und kommen mit immer neuen Ideen zum Basteln aus Schule und Kindergarten nach Hause. Als Tante bin ich vor allem an meinen freien Tagen gefragt: „Spielst du mit mir Fußball?", „Gehst du mit mir Drachensteigen?", „Holst du mich vom Kindergarten ab?", „Schaust du mir beim Ballett zu?", „Liest du mir etwas vor?", „Hilfst du mir bei den Hausaufgaben?", „Bauen wir eine Höhle?", „Bringst du uns heute ins Bett?" Und wenn sie dann am Abend wirklich alle zufrieden im Bett liegen, ist es für den Kleinsten ganz wichtig zu wissen: „Wann kommst du wieder?"
Ja, es ist anstrengend – zweifelsohne, denn es kostet freie Zeit, viel Geduld und stetige Aufmerksamkeit. Natürlich wäre es einfacher und erholsamer, mit einem Glas Wein, schöner Musik und einem Buch in der Hand herumzuliegen und die freie Zeit zu

genießen. Es wäre für mich auch bereichernd, Museen, Ausstellungen und Konzerte zu besuchen.
Aber: Das Lachen der Kinder, der Spaß beim Spielen, die Erleichterung, wenn die Hausaufgaben vollbracht sind, oder die offenen Arme, die mir im Kindergarten entgegengestreckt werden, sind nur kleine Zeichen, die die Freude von Bianca, Simon und Oliver ausdrücken. Mir ist es wichtig, für die Kinder als Tante erlebbar und erfahrbar zu sein und dies nicht nur an ein paar Tagen im Jahr, sondern auch in den Ferien, zu den Geburtstagen und besonders in ihrem Alltag.
Es ist mir wichtig, den Kindern in ihren unterschiedlichen Lebenssituationen eine Beziehung anzubieten, die auf Verlässlichkeit und Beständigkeit basiert und nicht auf materiellen Dingen. Wenngleich es für die Eltern ab und zu auch eine Entlastung sein mag, geht es mir dennoch darum, dass die Kinder die Erfahrung machen können, eine vertraute Bezugsperson neben den Eltern zu haben. Ihnen eine Begleitung zu ermöglichen, die vielleicht auch einmal zur Freundschaft werden kann.

Regina Postner

22. Tag

Jesus – Mein Fürsprecher und Verbündeter

Wort der Schrift „Jesus erzählte ihnen dieses Gleichnis: Ein Mann hatte in seinem Weinberg einen Feigenbaum; und als er kam und nachsah, ob er Früchte trug, fand er keine. Da sagte er zu seinem Weingärtner: Jetzt komme ich schon drei Jahre und sehe nach, ob dieser Feigenbaum Früchte trägt, und finde nichts. Hau ihn um! Was soll er weiter dem Boden seine Kraft nehmen? Der Weingärtner erwiderte: Herr, lass ihn dieses Jahr noch stehen; ich will den Boden um ihn herum aufgraben und düngen. Vielleicht trägt er doch noch Früchte; wenn nicht, dann lass ihn umhauen“ (Lk 13,6-9).

Wort in den Tag Wohin gehe ich, wenn ich jemanden brauche, der für mich eintritt, der ein Wort für mich einlegt? Auf wen setze ich meine Hoffnung, wenn ich jemanden brauche, der mich verteidigt? Ein guter Freund lässt uns nicht im Regen stehen, er ist „Fürsprecher“ und „Verbündeter“. Wenn er zu feige ist und keinen Finger für uns krümmt, können wir ihn als Freund vergessen.

Bei Schülern sind es meist die Eltern, die beim Lehrer vorsprechen, wenn die Noten schlecht ausfallen. Oft engagieren sich Menschen für Schwächere: Gewerkschaften für die Rechte der Arbeitenden, Kirchen für die Hungernden in der Welt, Protestierende für einen zum Tode Verurteilten. Einer für den anderen – das gibt unserer Gesellschaft ein „menschliches Gesicht“.

Auch Jesus engagiert sich immer wieder für die Schwachen und Ausgegrenzten, besonders für die Sünder. Ein Gleichnis ist mir wichtig, das Gleichnis vom „unfruchtbaren Feigenbaum“ (Lk 13,6-9). Seit drei Jahren steht ein Feigenbaum mitten im Weinberg und bringt keine Frucht. Der Gärtner, der für ihn und den Weinberg verantwortlich ist, wird nachdenklich, denn er kennt seinen Herrn. Er ahnt, was kommen wird. Und es kommt auch so.

Eines Tages steht der Herr des Weinberges vor dem Baum und der Gärtner neben ihm. „Drei Jahre komme ich schon und der Baum trägt keine Frucht. Hau ihn endlich um“, sagt der Herr,

„Er bringt nichts. Er nimmt den anderen den Platz weg. Hau ihn um!“ Aber der Gärtner schüttelt den Kopf: „Nein, Herr! Können wir nicht noch ein Jahr damit warten, ein Jahr noch? Ich verspreche es. Ich werde mich um ihn kümmern. Ich grabe noch einmal drum herum und packe noch Mist drauf. Vielleicht schafft er es. Bitte, noch ein Jahr!“

Ich würde sagen: Er ist verliebt, verliebt in einen unfruchtbaren Baum. Und darum kämpft der Gärtner um diesen Baum, hofft, dass es noch etwas wird mit den Früchten, rackert sich ab und feilscht, dass der Baum seinen Platz behält. Er tut alles, weil ihm der Baum ans Herz gewachsen ist.

Ich finde ihn sympathisch, diesen Gärtner. Ich halte ihn für ein Selbstporträt dessen, der diese Geschichte als Erster erzählt hat, für ein Selbstporträt Jesu. Denn Jesus tritt bei Gott, seinem Vater, für uns ein. Der Apostel Paulus sagt es im Römerbrief so: „Christus Jesus, der gestorben ist, mehr noch: der auferweckt worden ist, sitzt zur Rechten Gottes und tritt für uns ein“ (Röm 8,34). Er ist unser Freund und Verbündeter, der uns nicht aufgibt, auch wenn wir nicht erfolgreich sind und keine Früchte vorweisen können. Ich finde es ganz wichtig, einen Freund zu haben, der nicht nur nach Erfolgen wertet, sondern zu mir steht, auch wenn ich mit leeren Händen dastehe.

Das Gleichnis ist für uns alle eine Herausforderung. Wir sollten protestieren, wenn man zu schnell jemanden abschreibt und aufgibt. Wir sollten für den anderen noch eine Chance suchen und an seine Zukunft glauben. Wir sollten uns wie der Gärtner schützend vor den unfruchtbaren Baum stellen, wenn ihn einer voreilig und gedankenlos umlegen will. In bestimmten Situationen brauchen wir alle einen Freund, der für uns eintritt. Wie sollten wir leben, wenn keiner mehr einen Finger für uns krümmt?

Zum Beispiel

Freundschaft

da sein
wo andere weglaufen
sehen
wo andere blind sind
hören
wo andere taub sind
reden
wo andere stumm sind
bewegen
wo andere erstarrt sind
fühlen
wo andere nichts empfinden
öffnen
wo andere dicht machen
loslassen
wo andere festhalten
Brücken bauen
wo andere Barrikaden errichten
aushalten
wo andere davonrennen
anfangen
wo andere Schluss machen

Manfred Fischer

Gastfreundschaft

23. Tag
„Jedem Gast öffne dein Haus!"

Wort der Schrift „Wenn bei dir ein Fremder in eurem Land lebt, sollt ihr ihn nicht unterdrücken. Der Fremde, der sich bei euch aufhält, soll euch wie ein Einheimischer gelten und du sollst ihn lieben wie dich selbst; denn ihr seid selbst Fremde in Ägypten gewesen. Ich bin der Herr, euer Gott" (Lev 19,33-34).

Wort in den Tag Eigentlich können wir über Freundschaft nur reden, wenn wir ein zweites Wort hinzufügen: Gastfreundschaft. Während Freundschaft den Blick auf den persönlichen Freund lenkt, schließt Gastfreundschaft auch den Fremden ein. Die Fastenzeit soll uns gerade neu befähigen, die Not der anderen wahrzunehmen und gastlich zu handeln.

Gastlichkeit ist eine in der antiken Welt gepriesene Tugend. Jedem Fremdling wird, wenn er um Aufnahme bittet, die Tür geöffnet. Der Gast ist ein Mensch, der auf Gastfreundschaft angewiesen ist. Er steht in der antiken Welt unter dem besonderen Schutz der Götter. Durch die Tischgemeinschaft entsteht eine intensive Verbindung mit der Gastfamilie. Diese Verbundenheit zeigt sich anschaulich an einem besonderen Abschiedsritus: Wenn der Gast Abschied nimmt, zerbricht der Gastgeber ein Stäbchen. Der Gast bekommt die eine, der Hausherr die andere Hälfte als „Symbolon". Wenn der Gast zurückkommt, fügt man den Stab wieder zusammen und ist zur freundlichen Aufnahme verpflichtet.

Die Gastfreundschaft steht hoch im Kurs, wo sie am meisten benötigt wird: unter Nomaden, Kaufleuten, in Hafen- und Küstenstädten.

Auch im Alten Testament gilt der Fremde als Gottes Schützling. Das Gebot der Gastfreundschaft wird aber begründet mit der eigenen Erfahrung der Fremdheit unter fremden Völkern. In der Exodusgeschichte, in der Zeit der Wanderschaft des Nomadenvolkes Israel, wird Gastfreundschaft immer wieder erfahren. „Unterdrückt nicht die Fremden, die in eurem Land leben, sondern behandelt sie genau wie euresgleichen ... Denkt daran, dass auch ihr in Ägypten Fremde gewesen seid" (vgl. Lev 19,33-34).

Gastfreundschaft ist die Antwort auf die Tatsache, dass Jahwe sein Volk aus der Fremdherrschaft befreit hat. Die Geschichte der Väter und auch die Geschichte Israels kennt die Erfahrung der Heimatlosigkeit. Dankbarkeit wird zum besonderen Motiv der Gastfreundschaft in Israel. Im Psalm 39 heißt es:
„Hör mein Gebet, Herr ... Denn ich bin nur ein Gast bei dir, ein Fremdling wie all meine Väter“ (Ps 39,13).
Daneben findet sich die Vorstellung, dass Jahwe in Verkleidung (als Engel) seine Freunde besucht. Er kommt zu Abraham nach Hebron, zu Lot nach Sodom und zu Gideon unter die Eiche. Er „besucht“ sein Volk. Großer Segen kann durch Aufnahme eines Fremden ins Haus kommen.
Im Spätjudentum beginnt man der Gastfreundschaft Grenzen zu setzen. Man unterscheidet zwischen durchreisenden Fremdlingen und solchen, die sich im Lande ansiedeln. Bei den Beduinen darf der Fremde drei Tage das Gastrecht in Anspruch nehmen. Dann muss er weiterziehen.

Zum Beispiel *Gastfreundliche Seelsorge*

„Dies ist Gottes Haus. Komm herein, mach es zu deinem! Die Leute von St. Peter laden dich herzlich ein, hier zu verweilen, um zu beten und nachzudenken. Du bist auf der Suche nach einem erfüllteren Leben; verbünde deinen Glauben mit dem unseren.“ Diese Worte stehen auf einem Begrüßungsschild am Portal einer Kirche in Frankreich. Beim Betreten der gotischen Kirche in der City einer deutschen Stadt kann der Eintretende lesen: „Die Marienkapelle ist ein Gotteshaus, kein Museum! Die Würde des Gotteshauses gebietet: Ehrfurcht, größte Ruhe, anständige Haltung! Umhergehen während des Gottesdienstes ist untersagt!“ Wie mag es einem Fremden gehen, der, vom überfüllten Marktplatz kommend, arglos den Fuß in diese Kirche setzt?
In den letzten Jahren bemühte sich die Cityseelsorge, dass die christlichen Gemeinden sich gastfreundlich zeigen. Viele Kirchen waren im Zentrum der Städte verschlossen. Man bemühte sich, dass die Kirchen möglichst viele Stunden am Tag offen sind. Die Gemeinden organisieren eine „Präsenz“. Ein Tisch, eine Kerze und ein Gemeindemitglied, das jederzeit ansprechbar ist. Wenn die Kirchentür sichtbar offen steht, kommen mehr Menschen

herein und betreten neugierig den Raum. In der Cityseelsorge spricht man vom „Sakrament der offenen Kirchentür“.
Cityseelsorge bemüht sich um niederschwellige Türen, Orte, wo die vielfältigen Nöte zur Sprache kommen können, offene Türen, wo erste Hilfe als Krisenintervention möglich ist, wo Menschen zur Begegnung, zur geistlichen Begleitung Zeit haben. Passantenseelsorge ist Begegnungspastoral – ist Seelsorge mit Gesicht. Sie hat viel Raum und Zeit für seelisch Verwundete. Der Gesprächsbedarf ist heute groß. Gute Adressen sind wichtig.
Die offenen Türen sind wie „Probierstationen“, wo keiner vereinnahmt werden soll. Es braucht Orte, die sich als gastfreundliche Herbergen und Rastplätze anbieten, die die rastlosen und oft ermüdeten „Wanderer“, die psychisch Obdachlosen und weltanschaulich Vagabundierenden zum Verweilen einladen. In der katholischen Kirchengemeinde Liebfrauen in der Frankfurter Innenstadt hat man sich ein Wort des heiligen Franz von Assisi als Motto gewählt: „Wenn es dir gut tut, dann komm!“

24. Tag

Vollendete Gastronomie und mehr?

Wort der Schrift „Der Herr erschien Abraham bei den Eichen von Mamre. Abraham saß zur Zeit der Mittagshitze am Zelteingang. Er blickte auf und sah vor sich drei Männer stehen. Als er sie sah, lief er ihnen vom Zelteingang aus entgegen, warf sich zur Erde nieder und sagte: Mein Herr, wenn ich dein Wohlwollen gefunden habe, geh doch an deinem Knecht nicht vorbei! Man wird etwas Wasser holen; dann könnt ihr euch die Füße waschen und euch unter dem Baum ausruhen. Ich will einen Bissen Brot holen und ihr könnt dann nach einer kleinen Stärkung weitergehen; denn deshalb seid ihr doch bei eurem Knecht vorbeigekommen. Sie erwiderten: Tu, wie du gesagt hast. Da lief Abraham eiligst ins Zelt zu Sara und rief: Schnell drei Sea feines Mehl! Rühr es an und backe Brotfladen! Er lief weiter zum Vieh, nahm ein zartes, prächtiges Kalb und übergab es dem Jungknecht, der es schnell zubereitete. Dann nahm Abraham Butter, Milch und das Kalb, das er hatte zubereiten lassen, und setzte es ihnen vor. Er wartete ihnen unter dem Baum auf, während sie aßen" (Gen 18,1-8).

Wort in den Tag Wie Abraham die drei Fremden begrüßt, ihre erschöpften Füße umsorgt, im Zelt verschwindet, um die alte Sara auf Trab zu bringen und schließlich in der Manier des vollendeten Gastgebers mit Kalbfleisch und Sauermilch die Fremden bewirtet – das ist vollendete Gastronomie.

Dabei kommen die drei Fremden unverhofft. Besuch meldet sich heute meistens an.

Als beispielhafte Gastgeber handeln Abraham und seine Frau Sara. Mitten am Tag kommen die fremden Männer zu ihnen nach Mamre. Ohne sie zu kennen und ohne zu wissen, was sie wollen, lädt Abraham sie ein. Sie können sich die Füße waschen, erhalten etwas zu essen und zu trinken. Abraham lässt sogar ein „zartes, prächtiges Kalb" schlachten und zubereiten. Dann erst erfährt Abraham den Grund, der diese drei Männer zu ihm führte: seine Frau Sara werde schwanger werden und ihm seinen Sohn Isaak gebären.

An dieser Erzählung erkennen wir, was aus biblischer Sicht zur Gastfreundschaft gehört: die Aufnahme des Fremden, das Waschen der Füße, die Bewirtung, Schutz und Begleitung beim Abschied.

Abrahams Gastfreundschaft und Dienstbeflissenheit sind vorbildhaft, aber stark übertrieben dargestellt. Aus dem angekündigten „Bissen Brot" wird ein ganzes Kalb und die kurze Rast der Wanderer muss sich über mehrere Stunden erstreckt haben.

Erst nach dem Essen folgt die Frage der Besucher: „Wo ist deine Frau Sara?" Abraham und Sara wissen also nicht von vornherein, mit wem sie es zu tun haben, aber sie üben Gastfreundschaft an den Wanderern. Abraham macht dabei eine überraschende Erfahrung: Vorbeikommende Menschen können eine Gottesbegegnung ermöglichen. Abraham ist nicht nur Gebender, sondern er selber wird beschenkt. Abraham empfängt eine Verheißung für seinen eigenen Lebens- und Glaubensweg, nachdem er schon so manche Durststrecke zurückgelegt hat.

Das könnte eine Lehre aus der Abraham-Erzählung für unsere Zeit sein: jedem Menschen so zu begegnen, als wäre er ein Bote Gottes.

Dies ist die tiefste Dimension jeder Gastlichkeit: Im Gast kommt Gott selber zu uns. Gottes Gegenwart hat einen Ort. Nicht nur der Raum der Kirche, auch das Haus, wo wir Gastfreundschaft schenken, ist ein heiliger Ort.

Zum Beispiel Der russische Dichter Leo Tolstoi (1828–1910) erzählt die Geschichte vom Schuster Martin, der in einem Traum hört, dass Jesus noch an diesem Tag zu ihm kommen wolle. Martin ist schrecklich aufgeregt. Er bringt die Wohnung auf Hochglanz, macht Feuer, stellt Suppe und Tee bereit. Und er macht sich einen freien Tag, damit er ja das Kommen Jesu nicht verpasst. Er wartet und wartet.

Zwar klopfen während des Tages verschiedene Menschen bei ihm an, zum Beispiel der Straßenfeger Stefan, der sich bei Martin aufwärmen darf, oder die arme Frau mit dem Kind. Ihr gibt Martin einen warmen Mantel und Schuhe für das Kind. So vergeht der Tag. Martin wartet bis spät in die Nacht – vergebens. Jesus kommt nicht. Tief enttäuscht geht Martin zu Bett.

In der Nacht hat Martin wieder einen Traum. Dieselbe Stimme spricht zu ihm: „Hast du mich nicht erkannt, als ich bei dir war? Ich kam zu dir als Straßenfeger und als Mutter mit einem kleinen Kind, ja, das war ich."
Da ergreift den alten Schuster eine große Freude. Er greift zur Bibel und liest: „Denn ich bin hungrig gewesen und ihr habt mich gespeist. Ich bin durstig gewesen und ihr habt mich getränkt. Ich bin ein Gast gewesen und ihr habt mich beherbergt ... Was ihr getan habt einem unter diesen meinen geringsten Brüdern, das habt ihr mir getan" (vgl. Mt 25,35-40).

25. Tag

Fremdenfeindlichkeit?

Wort der Schrift „Der Herr, euer Gott, ist der Gott über den Göttern und der Herr über den Herren. Er ist der große Gott, der Held und der Furchterregende. Er lässt kein Ansehen gelten und nimmt keine Bestechung an. Er verschafft Waisen und Witwen ihr Recht. Er liebt die Fremden und gibt ihnen Nahrung und Kleidung – auch ihr sollt die Fremden lieben, denn ihr seid Fremde in Ägypten gewesen. Du sollst den Herrn, deinen Gott, fürchten. Ihm sollst du dienen, an ihm sollst du dich festhalten“ (Dtn 10,17-20).

Wort in den Tag Am Eingang eines alten Klosters hängt eine Begrüßungstafel: „Du kommst jetzt zu uns herein – sei willkommen. Unsere Gemeinschaft freut sich, dir Rast auf deiner Reise anbieten zu können. Gib dich aber nicht damit zufrieden, von uns zu profitieren. Lass auch uns teilnehmen an dem, was du lebst, was du glaubst und erhoffst. Schenke uns die Gemeinschaft mit dir als Gegengabe für dein Zusammensein mit uns.“
Gastfreundschaft hat wenig mit aufwendigem Service zu tun. Sie hat aber viel mit Partnerschaft, mit Teilen, mit Geben und Nehmen zu tun. Der Fremde wird nicht als Kunde angesprochen, der sich für sein Geld eine Unterkunft erkauft, sondern er ist ein willkommener Freund, der das eigene Leben bereichert. Je mehr unsere Welt in Bewegung kommt, umso wichtiger wird es, die Gastfreundschaft neu zu entdecken.
Der Umgang mit dem Fremden ist immer ein kulturelles Problem gewesen. Fremdenangst und Fremdenfeindlichkeit wachsen mit den wirtschaftlichen Engpässen. Die Angst vor der Arbeitslosigkeit schafft einen Konkurrenzdruck, der zu offener Feindseligkeit führen kann. Das Problem der Fremdenfeindlichkeit bleibt eine ständige Aufgabe. Es ist hilfreich, sich klarzumachen, dass hier eine uralte Angst aufbricht. In allen frühen Kulturen ist der Fremde der Eindringling und Feind. Er bedroht die überschaubare Ordnung und den eigenen Lebensraum. Ganz frühe Kulturen vernichteten den Fremden schonungslos. Im Lateinischen bedeutet das Wort „der Fremde“ – „hostis“ – zugleich auch „der Feind“.

Die biblische Gastfreundschaft entspringt keineswegs dem naturwüchsigen Edelmut der sogenannten unverdorbenen Naturvölker. Der Mensch musste lernen, seine Aggressionen gegen den Fremden zu bändigen. Gerade weil der Fremde Vernichtungswünsche weckt, ist er „tabu“. Er steht unter dem Schutz Gottes. Das Gastrecht ist eine wichtige kulturelle Entwicklung. Die Völker entdeckten, dass es nützlich sein kann, vom Fremden zu profitieren, indem man Waren und auch Schwiegertöchter austauscht.
Heute ersetzen wir oft Gastfreundschaft durch professionelle Dienstleistungen. Der Tourismus ist eine florierende Branche geworden. Hoteliers und Herbergsväter geben den Orten ein gastfreundliches Gesicht. Aber im Fremdenverkehr wird der Gastfreundlichkeit der Mutterboden entzogen. Der Gast wurde früher in die Familien aufgenommen. Weil Schülerinnen und Schüler in Familien aufgenommen wurden, ist nach dem Krieg durch Schüleraustausche viel Verständnis zwischen verfeindeten Völkern neu gewachsen.

Zum Beispiel *Ein Suppenteller*
„Ausnahmsweise“, sage ich mir und fahre hoch ins Kaufhaus-Restaurant. Ich hole mir eine Suppe und setze mich an einen leeren Tisch. Zu dumm – ich hab den Löffel vergessen. Also noch mal los, zum Besteckkasten. Ich hole einen Löffel, eine Serviette kann auch nicht schaden. Als ich an meinen Tisch zurückkomme sitzt da, gegenüber von meinem Platz, ein Afrikaner, eindeutig, schwarze Hautfarbe, buntes Hemd und löffelt seelenruhig Suppe aus meinem Teller.
Ich glaub es nicht; wie kann einer so dreist sein? Ich bringe erst mal kein Wort raus, stehe da wie vom Blitz getroffen. Er schaut hoch, sieht mich abwartend, fast freundlich an – nein, ich kann wirklich nichts Unverschämtes in seinem Blick erkennen – und zeigt auf meinen Stuhl. Vor lauter Überraschung setze ich mich tatsächlich. Dann finde ich endlich meine Sprache wieder: „Entschuldigung, aber das ist meine Suppe!“ Er sieht mich wieder freundlich an, schüttelt leicht mit dem Kopf und zieht die Schultern hoch – es ist klar, dass er mich nicht versteht. Was jetzt? Gleich ist die Suppe kalt, denke ich, und mein Magen knurrt. Warum eigentlich nicht mit einem armen Schlucker den Teller teilen? Sofort fühle ich mich

großzügig. Ja, das ist doch eine tolle Geste. So gefalle ich mir immer besser; das sollten viel mehr Leute machen.
Ich lächle ihm verschwörerisch zu, lasse meinen Löffel endlich auch in die Suppe sinken und esse. Wir bleiben stumm; ab und zu kreuzt sich unser Blick, dann lächeln wir.
Als der Teller leer ist, wischt er sich den Mund mit der dünnen Papierserviette ab, legt sie zu den Löffeln – und steht auf. Haut der tatsächlich ab? So eine Frechheit! Der soll mir wenigstens die halbe Gemüsesuppe bezahlen! Da sehe ich, wie sich der Schwarze mit einem Tablett in der Hand wieder anstellt. Also doch: Der Mensch hat Geld! Da kommt der Mann zurück. Auf dem Tablett steht ein großer Teller Spaghetti mit Tomatensoße und es liegen zwei Gabeln darauf. Immer noch stumm, setzt er sich, schiebt den Teller in die Mitte des Tisches, nimmt eine Gabel und beginnt zu essen. Heiliger Strohsack! Dieser Typ fordert mich tatsächlich auf, die Spaghetti mit ihm zu teilen! Was nun? Soll ich essen?
Meine Gedanken überstürzen sich. Wenn der Mensch doch wenigstens reden würde! Na gut. Er aß die Hälfte meiner Suppe, jetzt esse ich die Hälfte seiner Spaghetti, dann sind wir quitt! Ich greife nach der Gabel, rolle die Spaghetti auf und stecke sie in den Mund. Schweigen. Eigentlich nett von ihm, dass er mir eine Gabel brachte, denke ich. Nach einer Weile lehne ich mich satt zurück und lasse meinen Blick umherwandern.
Plötzlich spüre ich ein Kribbeln im Nacken und ein Schauer jagt mir über den Rücken. Auf dem Nebentisch, an den sich bisher niemand gesetzt hat, steht – einsam auf dem Tablett – ein Teller kalter Gemüsesuppe. Ich erlebe den peinlichsten Augenblick meines Lebens. Am liebsten würde ich mich in ein Mauseloch verkriechen. Es vergehen zehn volle Sekunden, bis ich es endlich wage, dem Afrikaner ins Gesicht zu sehen. Der sitzt da, völlig entspannt und lächelt. „Entschuldigen Sie bitte. Ich ..." Da sehe ich die Pupillen des Schwarzen aufblitzen, sehe den Schalk in seinen Augen schimmern. Dann lacht er übers ganze Gesicht. Auch ich kann mich nicht mehr halten und lache mit. Wenig später steht der Mann auf. „Ich heiße Marcel", sagt er in bestem Deutsch. „Ich esse jeden Tag hier. Sehe ich dich morgen wieder? Um die gleiche Zeit?" „In Ordnung, aber dann spendiere ich die Nudeln!"

26. Tag
„Heute will ich in deinem Haus zu Gast sein."

Wort der Schrift „Dann kam er [Jesus] nach Jericho und ging durch die Stadt. Dort wohnte ein Mann namens Zachäus; er war der oberste Zollpächter und war sehr reich. Er wollte gern sehen, wer dieser Jesus sei, doch die Menschenmenge versperrte ihm die Sicht; denn er war klein. Darum lief er voraus und stieg auf einen Maulbeerfeigenbaum, um Jesus zu sehen, der dort vorbeikommen musste. Als Jesus an die Stelle kam, schaute er hinauf und sagte zu ihm: Zachäus, komm schnell herunter! Denn ich muss heute in deinem Haus zu Gast sein. Da stieg er schnell herunter und nahm Jesus freudig bei sich auf. Als die Leute das sahen, empörten sie sich und sagten: Er ist bei einem Sünder eingekehrt. Zachäus aber wandte sich an den Herrn und sagte: Herr, die Hälfte meines Vermögens will ich den Armen geben, und wenn ich von jemand zu viel gefordert habe, gebe ich ihm das Vierfache zurück. Da sagte Jesus zu ihm: Heute ist diesem Haus das Heil geschenkt worden, weil auch dieser Mann ein Sohn Abrahams ist. Denn der Menschensohn ist gekommen, um zu suchen und zu retten, was verloren ist" (Lk 19,1-10).

Wort in den Tag An vielen Stellen des Neuen Testaments wird erzählt, dass Jesus von Menschen als Gast eingeladen wird. Im Haus der Marta und Maria ist er der gern gesehene Hausfreund. Der römische Hauptmann bittet Jesus, seinen Knecht zu heilen. Aber er hält sich nicht für würdig, dass Jesus sein Haus betritt: „Da ging Jesus mit ihnen. Als er nicht mehr weit von dem Haus entfernt war, schickte der Hauptmann Freunde und ließ ihm sagen: Herr, bemüh dich nicht! Denn ich bin es nicht wert, dass du mein Haus betrittst. Deshalb habe ich mich auch nicht für würdig gehalten, selbst zu dir zu kommen. Sprich nur ein Wort, dann muss mein Diener gesund werden" (Lk 7,6-7). Bei Zachäus, dem Zöllner, lädt Jesus sich selbst in sein Haus ein. Der Gast bringt Segen in das Haus und der Gastgeber erfährt an sich das Wunder der Verwandlung. Die beiden Emmausjünger sagen

zu ihm: Herr, bleibe bei uns, denn es will Abend werden. Er blieb und teilte das Brot mit ihnen (vgl. Lk 24,29f.).
Geboren wurde Jesus allerdings in einem Stall. Keine Haustür in Betlehem öffnet sich für Josef und Maria. „Sie gebar ihren Sohn, den Erstgeborenen. Sie wickelte ihn in Windeln und legte ihn in eine Krippe, weil in der Herberge kein Platz für sie war" (Lk 2,7). Jesus teilt das Schicksal derer, die keinen Platz auf dieser Welt haben. „Die Füchse haben ihre Höhlen und die Vögel ihre Nester; der Menschensohn aber hat keinen Ort, wo er sein Haupt hinlegen kann" (Lk 9,58). Jesus machte sich vor allem den Menschen gleich, die kein Dach über dem Kopf haben. Deswegen verkündet er, dass jeder, der einen anderen aufnimmt, ihn selber aufnimmt. „Ich war fremd und obdachlos und ihr habt mich aufgenommen" (Mt 25,43). In jedem Menschen können wir Gott begegnen. Mit dem Gast und dem Fremden wird Christus selbst aufgenommen oder abgewiesen.
Die Evangelien schildern häufig Mahlgemeinschaften, an denen Jesus teilnimmt. Er ist Gast und Gastgeber (Mk 6,41ff.; 8,6ff.; Lk 22,27), aber zugleich auch die Gabe (Mk 14,22ff.; Joh 6,35). Er bedient seine Gäste (Joh 13,1ff.) und wäscht ihnen die Füße. Mit dem Abendmahl hat Jesus Christus das Bild der Gastfreundschaft in den Mittelpunkt seiner wichtigsten Zeichenhandlung gestellt.
Die Gastfreundschaft den Fremden gegenüber bleibt auch Pflicht jeder christlichen Gemeinde (Röm 12,13; 1 Tim 3,2; 5,10; Tit 1,8). „Seid untereinander gastfreundlich, ohne zu murren. Dient einander als gute Verwalter der vielfältigen Gnade Gottes, jeder mit der Gabe, die er empfangen hat" (1 Petr 4,9-10). In der urchristlichen Gemeinde erweist sich die „Gastfreundschaft" als Ausdruck christlicher Geschwisterlichkeit (Apg 2,42f., 4,32ff.).
Ohne das Phänomen dieser Gastfreundschaft hätten sich die christlichen Gemeinden kaum entwickeln können. Die Gastfreundschaft bei Aquila und Priska ermöglicht Paulus erst die Missionsarbeit in Korinth (Apg 18). Und die Tuchhändlerin Lydia war die erste Christin Europas, die Paulus in ihrem Haus aufnahm.
Paulus schärft daher den Gemeinden immer wieder ein, die Gastfreundschaft nicht zu vernachlässigen: „Seid fröhlich in der Hoffnung, geduldig in der Bedrängnis, beharrlich im Gebet! Helft

den Menschen, wenn sie in Not sind; gewährt jederzeit Gastfreundschaft!" (Röm 12,12f.).
Im Hebräerbrief wird der Gast zum Boten Gottes: „Die Bruderliebe soll bleiben. Vergesst die Gastfreundschaft nicht; denn durch sie haben einige, ohne es zu ahnen, Engel beherbergt" (Hebr 13,2).

Zum Beispiel Als ich mit Obdachlosen einen Gottesdienst vorbereitete, nahm Günter seine Mundharmonika aus der Tasche und spielte ein Kinderlied. Von einem Nichtsesshaften, der das Schicksal der Straße teilt, habe ich diese Zeilen gelernt:

Wenn meine Mutter Gäste hat und sie hat wenig Brot im Haus,
dann schneidet sie das Brot ganz klein, es reicht für alle aus.
Dann denk ich an Jerusalem, das ist schon lange her. Man sagt,
in unsern Tagen geschieht kein Wunder mehr.
Auch damals waren viele da und Brot und Fisch warn knapp.
Da haben sie es sich geteilt und alle wurden satt.
Ich weiß nicht, was ein Wunder ist, mir wird nur langsam klar,
wenn alle etwas teilen, dann ist ein Wunder da.

27. Tag

„Ich war fremd und ihr habt mich aufgenommen"

Wort der Schrift „Wenn der Menschensohn in seiner Herrlichkeit kommt ..., dann werden alle Völker vor ihm zusammengerufen werden ... Dann wird der König denen auf der rechten Seite sagen: Kommt her, die ihr von meinem Vater gesegnet seid, nehmt das Reich in Besitz, das seit der Erschaffung der Welt für euch bestimmt ist. Denn ich war hungrig und ihr habt mir zu essen gegeben; ich war durstig und ihr habt mir zu trinken gegeben; ich war fremd und obdachlos und ihr habt mich aufgenommen; ich war nackt und ihr habt mir Kleidung gegeben; ich war krank und ihr habt mich besucht; ich war im Gefängnis und ihr seid zu mir gekommen. Dann werden ihm die Gerechten antworten: Herr, wann haben wir dich hungrig gesehen und dir zu essen gegeben, oder durstig und dir zu trinken gegeben? Darauf wird der König ihnen antworten: Amen, ich sage euch: Was ihr für einen meiner geringsten Brüder getan habt, das habt ihr mir getan" (Mt 25,31-40).

Wort in den Tag ***Dokument der Gastfreundschaft***
Aus der Regel des heiligen Benedikts, die er im fünften Jahrhundert schrieb:
„Alle Fremden, die kommen, sollen aufgenommen werden wie Christus; denn er wird sagen: ‚Ich war fremd und ihr habt mich aufgenommen.' Allen erweise man die angemessene Ehre, besonders den Brüdern im Glauben und den Pilgern.
Sobald ein Gast gemeldet wird, sollen ihm daher der Obere und die Brüder voll dienstbereiter Liebe entgegeneilen. Zuerst sollen sie miteinander beten und dann als Zeichen der Gemeinschaft den Friedenskuss austauschen. Diesen Friedenskuss darf man wegen der Täuschung des Teufels erst nach dem Gebet geben.
Allen Gästen begegne man bei der Begrüßung und beim Abschied in tiefer Demut: Man verneige sich, werfe sich ganz zu Boden und verehre so in ihnen Christus, der in Wahrheit aufgenommen wird.

Vor allem bei der Aufnahme von Armen und Fremden zeige man Eifer und Sorge, denn besonders in ihnen wird Christus aufgenommen. Das Auftreten der Reichen verschafft sich ja von selbst Beachtung" (RB 53).

Was Benedikt im 53. Kapitel seiner Regel über die Gastfreundschaft sagt, ist ein wunderbares Zeugnis christlichen Verhaltens gegenüber Fremden und Heimatlosen. Benedikt schafft in seinen Klöstern gastfreundliche Orte in einer Zeit der Völkerwanderung, wo alles unsicher geworden ist. Er übersetzt Matthäus' Kapitel 25 in die mönchische Praxis. Im Gast nehmen die Mönche Christus auf. Deutlicher kann man diesen Glauben nicht ausdrücken: „Man verneige sich, werfe sich ganz zu Boden und verehre so in ihnen Christus, der in Wahrheit aufgenommen wird."

Was keine andere Weltreligion so kennt, das verkündet das Christentum: In den Not leidenden Brüdern und Schwestern begegnen wir Christus. Christliche Humanität ist also mehr als Mitleid und Gefühl. Sie gründet in der totalen Identifikation Jesu mit den Armen, Kranken, Hungernden und Nackten. „Was ihr dem Geringsten getan habt, das habt ihr mir getan." Das achte Sakrament der Christusbegegnung ist der Arme. Der Einsetzungsbericht für dieses achte Sakrament findet sich im Matthäusevangelium (Mt 25,31-46).

Mutter Teresa von Kalkutta sagte einmal: „In der Eucharistie empfangen wir Christus in der Gestalt von Brot in unsere Hände. Hier in den Slums von Kalkutta, im zerstörten Leib der Kranken und Sterbenden berühren wir Jesus auch." Sie fügt aber hinzu: „Nur wer im Gebet das Gesicht Christi erkannt hat, wird es auch wiedererkennen im Not leidenden Bruder."

Zum Beispiel An einer Klosterpforte melden sich täglich viele Obdachlose. Eines Tages kommt einer, den die Schwester Eveline bisher nie gesehen hat. Sie bringt ihm etwas zu essen und setzt sich zu ihm. Er beginnt zu erzählen und die Zeit vergeht. Da klopft die Schwester Oberin an die Tür und ruft die Pfortenschwester heraus. Die Tür bleibt angelehnt. Die Oberin ist erregt, weil sie die Pfortenschwester länger gesucht hatte. „Was gibst du dich so lange mit diesen Leuten ab? Deine Arbeit bleibt liegen. Und du plauderst mit den Pennern!"

– „Das sind keine Penner, das sind meine Brüder", entgegnet die Schwester.
Der Mann hört den Wortwechsel und betroffen zieht er sich zurück. Nach einer Stunde kommt er wieder. „Ist die Luft rein?", fragt er. „Schwester, ich muss noch einmal zurückkommen. Wie meinten Sie das vorhin mit dem Bruder?" – „Ja, so wie ich das gesagt habe!" – „Verstehe ich aber nicht." – „Wenn du wissen willst, wie ich das meine, dann nimm meine Bibel und lies darin. Da wirst du die Antwort schon finden." – Sie geht und holt ihre Bibel und gibt sie ihm. Am nächsten Tag kommt der Mann wieder. „Darf ich Ihre Bibel noch etwas behalten? Das ist ja ein spannendes Buch. Liest die Oberin auch dieses Buch?"

28. Tag

Nicht Worte, sondern Orte

Wort der Schrift „Die Gemeinde der Gläubigen war ein Herz und eine Seele. Keiner nannte etwas von dem, was er hatte, sein Eigentum, sondern sie hatten alles gemeinsam. Mit großer Kraft legten die Apostel Zeugnis ab von der Auferstehung Jesu, des Herrn, und reiche Gnade ruhte auf ihnen allen. Es gab auch keinen unter ihnen, der Not litt. Denn alle, die Grundstücke oder Häuser besaßen, verkauften ihren Besitz, brachten den Erlös und legten ihn den Aposteln zu Füßen. Jedem wurde davon so viel zugeteilt, wie er nötig hatte“ (Apg 4,32-35).

Wort in den Tag *Orte der Gastfreundschaft*
„Das ist aller Gastfreundschaft tiefster Sinn: dass einer dem anderen Rast gebe auf dem Weg nach dem ewigen Zuhause“ (Romano Guardini). So entstehen Orte, wo die Vision von einer gastfreundlichen, neuen Welt sichtbar wird.
Jenseits der erfahrbaren Wirklichkeit bahnen Visionen gangbare Wege. Sie sind keine klug erdachten Projekte des Menschen. Visionen kommen aus der Tiefe einer geistigen Mitte. „Sie sind das Einfallstor Gottes für uns Menschen.“
Visionen überschreiten Horizonte. Der Horizont ist nur die Grenze des Sichtbaren. Pioniere haben das Land jenseits des Sichtbaren erforscht. Sie schreiben die Landkarten, die uns die zukünftige Reise ermöglichen. Auch Kolumbus hatte eine Vision, dass jenseits von „finis terrae“, dem Ende der Welt an der spanischen Küste, neues Land zu entdecken ist.
„Die Visionen brauchen Fahrpläne“, sagt Ernst Bloch. Propheten und Vordenker sind wichtig, denn „ein Volk ohne Visionen geht zu Grunde“ (Buch der Sprichwörter). Es gibt sie auch heute: die Kundschafter. Wie damals am Ende der Exodusgeschichte ziehen sie voraus und zeigen, dass die Vision von gastfreundlichen Orten schon begonnen hat.

Zum Beispiel ***Die kleinen Brüder und Schwestern des Charles de Foucauld***

„Sie haben vollständig verstanden, was ich möchte: Eine Zauia einrichten ... Es sind kleine Zentren der Gastfreundschaft, von frommer Bruderliebe gegründet; man gewährt den Reisenden dort Unterkunft und Schutz, den Pilgern wie den Bettlern, allen Vorüberziehenden, kurz jedermann. Es ist zugleich eine Einsiedelei und ein Mittelpunkt der Gastfreundschaft."

Charles de Foucauld möchte die beiden Pole der Liebe leben. Zauia sind Orte mit einem absoluten Gespür für Gott und mit offener Gastfreundschaft. Die Vision von Charles de Foucauld, der als Eremit in der Sahara lebte, erfüllte sich nach seinem Tod. Die kleinen Schwestern und die kleinen Brüder leben in Brennpunkten der Not und schaffen dort Zellen der Gastfreundschaft.

Zum Beispiel ***Die ökumenische Communauté de Taizé***

In Taizé gründete Frère Roger 1940 eine internationale ökumenische Communauté. Die Brüder engagieren sich, ein Leben lang materielle und spirituelle Güter zu teilen, in Ehelosigkeit zu leben und einen schlichten Lebensstil zu führen. Heute gehören zur Communauté an die hundert Brüder aus über 25 Nationen, Katholiken und Brüder aus verschiedenen evangelischen Kirchen. Kern des täglichen Lebens in Taizé bilden drei gemeinsame Gebetszeiten. Die Brüder leben von ihrer Arbeit. Sie nehmen für sich selber keine Spenden und keine Geschenke an. Einige von ihnen leben in kleinen Fraternitäten mitten unter den Armen in anderen Kontinenten.

Gastfreundschaft war von jeher ein wesentlicher Teil des Lebens in Taizé. Das ganze Jahr über nehmen jede Woche Jugendliche (im Sommer oft 5000 Gäste) aus den europäischen Ländern und auch aus Ländern anderer Erdteile am Leben der Brüder teil. Zu Tausenden beteiligen sie sich an den Gebeten und Gesprächsgruppen. Die Brüder von Taizé bereiten kleinere oder größere Jugendtreffen in Afrika, Süd- und Nordamerika, Asien und in Europa vor.

Roger Schutz, der verstorbene Prior von Taizé, sagte: „Die Menschen, die zu uns kommen, erwarten Brot. Böten wir ihnen Steine zum Anschauen, hätten wir unsere ökumenische Berufung verfehlt. Sie suchen Menschen, die Gott ausstrahlen. Das setzt ein in Gott geborgenes Leben voraus, damit in uns die Präsenz Christi neu lebendig werde."

Zum Beispiel ***Die Monastische Gemeinschaft von Jerusalem in Paris***

Carlo Caretto: „Ein Freund von mir, Pierre Delfieux, der zwei Jahre mit mir in der Sahara war, hat in Paris den Versuch einer religiösen Lebensform gemacht, die auf der Verpflichtung beruht, in der Großstadt nach dem monastischen Ideal von Arbeit, Gebet, Schweigen, Liturgie, Dienst am Nächsten zu leben. Ich zweifle nicht daran, dass in wenigen Jahrzehnten jede Stadt das Wunder solcher Gründungen sehen wird, die als Sauerteig wirken, und dass die Ausstrahlung von Männern und Frauen sich vervielfaltigen wird, die ‚Babel' in ‚Jerusalem' und das Exil in einen Ort des Gebetes verwandeln." Die Vision von Carlo Caretto hat sich erfüllt.

Die „Monastischen Gemeinschaften von Jerusalem", die 1975 von Pierre-Marie Delfieux in Paris gegründet wurden, feierten vor einigen Jahren ihr 25-jähriges Bestehen. Zur Zeit sind sie 130 Schwestern und Brüder. Der Zulauf ist so groß, dass sie dreimal im Jahr Einkleidung und Profess feiern. Sie verstehen sich als „Stadtmönche" und versuchen daher, in St. Gervais, Paris, eine öffentliche Stadtkirche als gastfreundlichen Ort zu beleben. Die Mönche arbeiten halbtags, die anderen Stunden erfüllen sie mit Lobpreis und Kontemplation.

Aus ihrer „Regel", dem sogenannten „Lebensbuch" („Livre de vie"): „Bruder, Schwester von Jerusalem: Du lebst als Mönch im Herzen der Stadt Gottes. Mit deiner Wahl, im Herzen der Städte zu beten, möchtest du verdeutlichen, dass dein Leben im Herzen Gottes verankert ist. Ein monastisches Leben inmitten der Stadt wählst du nicht aus Solidaritäts- und Apostolatsgründen. Selbst das Glaubenszeugnis steht noch im Hintergrund; denn der Mönch sehnt sich vor allem danach, im liebenden Umsonst nach Gott Ausschau zu halten."

Das liebende Umsonst, diese in Gott gründende Absichtslosigkeit ist ja nicht nur eine monastische Besonderheit, sondern der Kern der christlichen Glaubenshaltung überhaupt. Diese Tugend schließt gerade die Fremden und Bedürftigen mit ein. Dadurch vor allem strebt der Christ danach, das Werk der Barmherzigkeit und der Nächstenliebe zu verwirklichen.

Zum Beispiel *Das Gasthaus und die Gastkirche in Recklinghausen*
Das um 1400 gegründete Armen-Gasthaus wurde 1978 auf Initiative der Brüdergemeinschaft der Canisianer (Münster) zum Geistlichen Zentrum an der Gastkirche im Zentrum der Stadt Recklinghausen. Hier gibt es Angebote für Obdachlose, Flüchtlinge und Strafentlassene, aber auch für Menschen, die sich geistlich orientieren möchten.
Im Gasthaus wohnt eine geistliche Gemeinschaft (drei Hiltruper-Missionsschwestern, drei Canisianer-Brüder und Pfarrer B. Lübbering). Sie möchten alle Armen und Ausgegrenzten „in die Mitte stellen". Das Gasthaus wird zur „Rettungsstation" für viele.
Die kleine Gastkirche ist Ruheraum für die eiligen Passanten, Ort des Gebetes und der Fürbitte. Auch zu Gesprächen laden Gemeindemitglieder ein.
Weil so viele mittun, sind die sozialen, ehrenamtlichen Engagements vielfältig. Ein Überblick: Tägliches Essen für Arbeits- und Wohnungslose, Kleiderkammer, sechs Zimmer für Übernachtungen, Sozialberatung, Lebensmittel-Krisenhilfe, Fußpflege, Gräberpflege, Knast-Gruppe, Aidsgruppe, Übergangswohnung für einen Strafgefangenen, Flüchtlingsarbeit, Trauerarbeit und -begleitung, Hartz IV-Selbsthilfegruppe, Bleiberechtsinitiative, Second-Hand-Shop, Welt-Laden, Eine-Welt-Kreis. Etwa 250 Freundinnen und Freunde sind in Gruppen engagiert.
Immer mehr Menschen engagieren sich im Gasthaus und in der Gastkirche. Es ist ein Beispiel für ehrenamtliche Mitarbeit. Viele, sehr viele sind heute bereit zum sozialen und pastoralen Engagement. „Wir erleben uns als eine offene, gastfreundliche Gemeinschaft, die versucht, sich mitten in der Stadt den Herausforderungen der Menschen zu stellen."

Bernhard Lübbering

Zum Beispiel *Oase mitten in der Stadtwüste – Die Jesuitenkommunität in Berlin-Kreuzberg, WG Naunystraße*
Christian Herwartz, der als Arbeiterpriester schon in der Psychiatrie, im Obdachlosenheim oder als Dreher gearbeitet hat, zeichnet mitverantwortlich, warum seine Kommunität zu einer stadtbekannten Adresse geworden ist. Er und seine Mitbrüder gehören zu der Gruppe „Ordensleute gegen Ausgrenzung", die

sich seit 1995 regelmäßig zu einer Mahnwache vor der ehemaligen Frauenhaftanstalt der DDR treffen, die heute ein Abschiebegefängnis ist.

„Unsere kleine Wohngemeinschaft von etwa neun Personen lebt seit 25 Jahren in Kreuzberg, einem Stadtteil von Berlin. Im Laufe der Jahre haben über 200 Menschen aus etwa 50 Ländern hier gewohnt und viele sind zu Besuch da gewesen. Es ist eine Art des Zusammenlebens und des gesellschaftlichen Engagements entstanden, das wir oft nur staunend nachträglich begreifen können. Wichtig auf diesem Weg der Aufmerksamkeit füreinander war es, Regeln, Rollen, Erwartungen, die den Blick verstellen, beiseitezuschieben, neu hinzusehen und zu begreifen, dass jede Person mit ihrer konkreten Würde, unter Einschluss aller Fähigkeiten und Mängel, so sein darf, wie sie ist. Und die Erfahrung lehrt, dass es gut ist, sie genauso anzunehmen und sich auf einen Weg mit ihr zu machen, auf dem Geschwisterlichkeit oder sogar Freundschaft entdeckt werden kann, auch wenn dabei eigene Seiten zutage treten, die ich gern bei mir übersehen würde."

Wir könnten eine große Liste zusammentragen von Orten, an denen in unserem Land die Vision von gastfreundlichen Orten schon realisiert wird. „Visionen brauchen Fahrpläne." Diese Liste würde ich weiterführen mit der Adresse der Suppenküche der Franziskaner in Pankow, wo täglich über 200 Arme der Stadt Berlin eine Mahlzeit bekommen, oder die offene Kirchengemeinde in Liebfrauen in der City der Stadt Frankfurt mit dem Franziskustreff und den Frühstückrunden für Obdachlose. Die „barmherzigen" Türen werden auch in Zukunft eine Ergänzung der fachlichen Sozialarbeit bleiben.

Christian Herwartz

Spiritualität der Freundschaft

29. Tag

Augustinus – „Du hast mich berührt und ich bin entbrannt"

Wort der Schrift „Leg mich wie ein Siegel auf dein Herz, wie ein Siegel an deinen Arm! Stark wie der Tod ist die Liebe, die Leidenschaft ist hart wie die Unterwelt. Ihre Gluten sind Feuergluten, gewaltige Flammen. Auch mächtige Wasser können die Liebe nicht löschen; auch Ströme schwemmen sie nicht weg. Böte einer für die Liebe den ganzen Reichtum seines Hauses, nur verachten würde man ihn" (Hld 8,6-7).

Wort in den Tag Aurelius Augustinus ist ein Heiliger, dessen Gedanken die gesamte europäische Kultur und Geistesgeschichte geprägt haben. Er wurde 354 n. Chr. geboren. Er war hochgebildet in der antiken Philosophie und erlebte relativ spät, mit 32 Jahren, seine Bekehrung zum Christentum.

Sein Leben gleicht einem nicht enden wollenden Suchen: Wo finde ich dauerhaftes Glück? Das ist die Frage, die den Bischof Augustinus in seiner Bekenntnisschrift, den Confessiones, nicht loslässt.

Augustinus ist ein „Genie der Freundschaft". Er ist immer in Gesellschaft mit Freunden. Nach seiner Bekehrung wandelt sich sein Freundschaftsideal. Alle Freundschaftsliebe bezieht sich auf Gott. „Man liebt wahrhaftig seinen Freund, wenn man Gott in ihm liebt."

Freundschaften, auch zu Frauen, wecken seine Leidenschaft. Aber seine Sehnsucht wird durch alle menschliche Liebe nicht erfüllt. Das Herz des Menschen ist verwundet von der Sehnsucht nach Vollendung. Allein in Gott ist die Erfüllung zu finden. Viele Verlockungen versprechen vollendetes Glück. Doch die Enttäuschungen folgen schnell nach. Augustinus sagt: „Suche, was du suchst, aber nicht dort, wo du suchst."

Augustinus, der wie kaum ein anderer die Sehnsucht kannte, glaubt, dass Gott selber die Freundschaft des Menschen sucht. Gott hat in seiner Liebe und in seiner Sehnsucht nach dem Menschen allen Menschen diese Wunde Sehnsucht ins Herz eingepflanzt. Diese Sehnsucht Gottes zieht den Menschen an wie ein Magnet.

„Gottes Leidenschaft ist der Mensch." Ein unerhörtes Wort. Gott steht wie der Vater im bekannten Gleichnis vom verlorenen Sohn an der Tür seines Hauses und schaut nach uns aus, wann wir heimkehren. Von dieser Sehnsucht ist unser Herz verwundet. „Unruhig ist unser Herz, bis es ruht in Gott" (Conf. I,1).

Zum Beispiel „Ich bekenne, mit Leichtigkeit werfe ich mich ganz in die Liebe der Freunde, und ohne Sorgen ruhe ich da, vor allem wenn ich müde bin vom Ärger dieser Welt. Denn ich fühle, dass Gott da ist; in ihn werfe ich mich sicher, und in ihm ruhe ich sicher. In dieser meiner Sicherheit fürchte ich nicht das Unsichere des morgigen Tages, das Unsichere der menschlichen Zerbrechlichkeit, worüber ich früher voller Entsetzen geklagt habe. Was ich von meinen Ideen und Gedanken einem treuen Freund anvertraue, der von christlicher Liebe erfüllt ist, vertraue ich nicht einem Menschen an, sondern dir, Gott, in welchem er verweilt. Gott ist nämlich die Liebe, und wer in der Liebe verweilt, der verweilt in Gott" (Epistulae 73,3).

„Was aber liebe ich, wenn ich dich liebe, mein Gott? Nicht die Schönheit des Leibes, nicht vergänglichen Dekor, nicht den Schimmer des Lichtes, der den irdischen Augen lieb ist, nicht die herrlichen Melodien vielfältiger Gesänge, nicht die süßen Düfte der Blumen, Salben und Aromen, nicht Manna und Honig, nicht Körperteile, die den Umarmungen des Leibes angenehm sind: nicht diese Dinge liebe ich, wenn ich meinen Gott liebe.

Und doch liebe ich so etwas wie Licht und so etwas wie eine Stimme und eine Art Duft und eine Art Speise und eine Art Umarmung, wenn ich meinen Gott liebe, der Licht und Stimme und Duft und Umarmung für meinen inneren Menschen ist. Da funkelt er meiner Seele, dass kein Ort es fassen kann, und da klingt er, dass die Zeit es nicht mit sich forttragen kann, und da duftet er, dass kein Wind es verwehen kann, und da schmeckt er, dass es den Hunger nie über wird, und da umarmt er mich, dass keine Befriedigung es auseinanderreißt. Das ist es, was ich liebe, wenn ich meinen Gott liebe" (Conf. X,6).

„Spät habe ich dich geliebt, Schönheit, so alt und so neu, spät habe ich dich geliebt! Und sieh, du warst drinnen und ich draußen und dort habe ich dich gesucht und ungehobelt brach ich in die schönen Formen ein, die du gemacht hast. Du warst bei mir, aber ich war nicht bei dir. Weit von dir entfernt hielt mich, was nicht wäre, wäre es nicht in dir. Du hast gerufen und geschrien und meine Taubheit zerrissen, du hast gefunkelt, geglitzert und hast meine Blindheit vertrieben, du hast geduftet und ich habe den Hauch eingeatmet und sauge dich ein. Ich habe dich geschmeckt und ich hungere und dürste, du hast mich berührt und ich bin entbrannt nach deinem Frieden“ (Conf. X,27).

30. Tag

Aelred von Rieval – Geistliche Freundschaft

Wort der Schrift „Nicht mehr ich lebe, sondern Christus lebt in mir. Soweit ich aber jetzt noch in dieser Welt lebe, lebe ich im Glauben an den Sohn Gottes, der mich geliebt und sich für mich hingegeben hat“ (Gal 2,20).

Wort in den Tag Die Freundschaft mit Christus steht in der Mitte der Spiritualität der Zisterzienser und Zisterzienserinnen. Bernhard von Clairvaux und auch Theresia von Avila lebten aus dieser Quelle. Bernhard trat in das strengste Kloster ein, das es im 12. Jahrhundert gab. Auf alles konnte er verzichten, aber nicht auf die Nähe und Zuneigung seines Freundes. Als sein bester Freund, Bruder Gérard, starb, unterbrach er sofort eine Vortragsreihe und war gelähmt durch Schmerz und Trauer.

Aelred von Rieval, der von 1109 bis 1167 in Südengland lebte, wurde Novizenmeister und später Abt des Klosters Rieval. Der heilige Bernhard von Clairvaux ermutigte ihn, sein Buch über die geistliche Freundschaft „De spirituali amicitia“, zu schreiben.

Für Aelred ist in der menschlichen Freundschaft immer ein Dritter gegenwärtig: Christus. Die Zuneigung zu einem Freund verstärkt die Liebe zu Christus. Freundschaft wird zum Weg der Christusbeziehung. Wenn Gott mit im Spiel ist, wird die Beziehung zu einem Freund gefestigt.

Abt Aelred beginnt sein Buch über die geistliche Freundschaft mit den Worten: „Hier sind wir beide, ich und du, und ich hoffe, als Dritter ist Christus bei uns.“ Die innige Vereinigung der beiden Freunde führt zum Geheimnis des Dritten, auf den beide ausgerichtet sind. Wahre Freundschaft unter Menschen ist für Aelred ohne Christus nicht möglich. Für Aelred ist die Frage seines Freundes Ivo zu bejahen: „Kann ich von der Freundschaft sagen, was Johannes, der Freund Jesu, von der Liebe sagt: Gott ist die Freundschaft?“ Der beste Weg zur Vollkommenheit ist die Freundschaft. „Auf der Treppe der Liebe kannst du ja sowohl zur Umarmung von Christus selbst emporsteigen oder zur Liebe zu deinem Bruder hinabsteigen und das stille Glück genießen.“ Die

Zuneigung zum Freund vertieft die Liebe zu Christus. Das wird besonders erfahrbar im Gebet füreinander und miteinander.

Zum Beispiel „Das Fundament der Freundschaft ist die Liebe Gottes. Auf sie ist alles, was Liebe und Zuneigung eingeben, was irgendjemand heimlich, was irgendein Freund laut rät, zu beziehen. Sorgfältig ist zu prüfen, ob das Gebäude seinem Fundament entspricht. Was darüber hinausgeht, muss zurückgenommen werden. Ganz gewiss muss es auf die Form des Fundaments zurückgeführt und gänzlich nach seiner Beschaffenheit korrigiert werden. Doch können wir nicht alle, die wir lieben, in unsere Freundschaft aufnehmen, denn nicht alle sind dazu fähig.
Dein Freund ist Teilhaber deiner Seele; an ihn bindest und drückst du die deine. So innig vereinst du dich mit ihm, dass du aus zwei Seelen eine machen möchtest. Dem Freunde möchtest du vertrauen wie deinem andern Ich, ihm nichts verbergen, von ihm nichts fürchten. Wer dazu geeignet erscheint, ist zuerst auszuwählen, dann zu prüfen und schließlich zuzulassen. Freundschaft muss dauerhaft sein, von der Ewigkeit geprägt, beharrlich in der Zuneigung. Wir dürfen mit unstetem Sinn nicht die Freunde wechseln, wie Kinder dies tun“ (De spirituali amicitia).
„Wie schön ist es, sich miteinander auszutauschen, sich gegenseitig seine Interessen offen zu legen, alles gemeinsam zu untersuchen und in allem zu einer gemeinsamen Überzeugung zu gelangen. Hinzu kommt das Gebet füreinander, das im Denken an den Freund umso wirksamer ist, weil man Gott desto leidenschaftlicher bedrängt, weinend aus Sorge oder Zuneigung oder Schmerz. So betet man für seinen Freund und will von Christus für den Freund erhört werden. Und dieser erhört gern und ist selbst voller Sehnsucht, bis plötzlich irgendwann Zuneigung in Zuneigung übergeht und gleichsam ganz aus der Nähe die Liebenswürdigkeit Christi berührt. Dann beginnt man zu schmecken, wie süß er ist, und zu fühlen, wie liebenswert er ist. So wird man von jener heiligen Liebe, die den Freund umarmt, zu der Liebe hingeführt, die Christus umarmt. Dann lässt man voller Freude die geistige Frucht der Freundschaft auf der Zunge zergehen, in Erwartung der Fülle all dessen“ (De spirituali amicitia).

31. Tag
Martin Luther – Traurige trösten

Wort der Schrift „Gepriesen sei der Gott und Vater Jesu Christi, unseres Herrn, der Vater des Erbarmens und der Gott allen Trostes. Er tröstet uns in all unserer Not, damit auch wir die Kraft haben, alle zu trösten, die in Not sind, durch den Trost, mit dem auch wir von Gott getröstet werden. Wie uns nämlich die Leiden Christi überreich zuteil geworden sind, so wird uns durch Christus auch überreicher Trost zuteil“ (2 Kor 1,3-5).

Wort in den Tag Für Martin Luther (1483–1546) ist der Glaube etwas, das ihn in seinem Tiefsten angeht. Er fragt nicht nur, was hat „man“ zu glauben, sondern worauf kann ich mich ganz persönlich wirklich verlassen. Begleitet wird er auf seiner Suche von vielen Menschen. Luther leidet darunter, nicht zu wissen, ob er zum Heil vorherbestimmt ist oder nicht. Sein Beichtvater Johann von Staupitz (1465–1524) versucht ihn in seinen Zweifeln zu trösten. Luther berichtet später darüber: „Dr. Staupitz pflegte mich mit diesen Worten zu trösten und sagte zu mir also: Lieber, warum plagst du dich also mit diesen Spekulationen und hohen Gedanken; schaue an die Wunden Christi und sein Blut, das er für dich vergossen hat, daraus wird die Vorsehung hervorscheinen. Derhalben soll man den Sohn Gottes hören, der in das Fleisch gesandt, Mensch geworden und darum erschienen ist, dass er die Werke des Teufels zerstöre (1 Joh 3,8) und dich der Vorsehung gewiss mache. Und darum sagt er auch zu dir: Du bist mein Schäflein; denn du hörst meine Stimme; und niemand wird dich mir aus meiner Hand reißen (Joh 10,29).“
In Luther entwickelt sich die Erkenntnis, dass er sich Gottes Gnade nicht verdienen muss, sondern dass er sie sich von Gott schenken lassen darf. Nach und nach gewinnt diese Erkenntnis eine Dynamik, die ungeahnte Konsequenzen nach sich zieht. In den nun folgenden theologischen und politischen Auseinandersetzungen findet Luther Mitstreiter und Freunde. Eine umfangreiche Korrespondenz zeugt von den verschiedenen Verbindungen.

Sind seine Freunde in Not, so schreibt er ihnen als Seelsorger und versucht, sie aus dem Glauben heraus zu trösten. So sind uns eine große Anzahl von Trostbriefen überliefert. Luther selber kennt die Not der Traurigkeit und Anfechtung aus eigener Erfahrung. Er erzählt davon, dass er in manch dunkler Stunde einen Zettel auf seinen Schreibtisch stellt, auf dem die Worte stehen: „Ich bin getauft!" Es ist für ihn eine Vergewisserung, dass niemand ihn aus den Händen Gottes reißen kann. Aus dieser Hoffnung heraus lebt er und er versucht, auch andere in diesem Glauben zu stärken.

Zum Beispiel Engen freundschaftlichen Kontakt pflegte Luther zu der Familie Weller. Matthias Weller (1507–1536), Musiker und Organist in Freiberg, litt an depressiven Verstimmungen. In einem Brief an den Freund schreibt Luther:
„Denn Gott hat's befohlen, dass ein Mensch den anderen trösten soll, und will auch, dass der Betrübte solle glauben solchen Trost als seiner eigenen Stimme. ... So höret nun, was wir in Gottes Namen zu Euch sagen, nämlich, dass Ihr sollt fröhlich sein in Christus, der Euer gnädiger Herr ist. ... Darum, wenn ihr traurig seid, und es will überhandnehmen, so sprecht: ‚Auf! Ich muss meinem Herrn Christus ein Lied machen ...! Kommt der Teufel und gibt Euch Eure Sorgen, so wehrt Euch frisch und sprecht: ‚Aus, Teufel; ich muss jetzt meinem Herrn Christus singen und spielen.' So müsst Ihr Euch wahrlich ihm widersetzen lernen und nicht gestatten, dass er Euch Gedanken macht. Denn wenn Ihr einen einlasst und ihm zuhört, so treibt er Euch wohl zehn Gedanken hintennach, bis er Euch übermannt hat. Darum nichts besser, denn flugs im ersten auf die Schnauze geschlagen! ... Denn wenn Ihr könntet glauben, dass solche Gedanken des Teufels wären, so hättet Ihr schon gewonnen. Aber weil ihr noch schwach im Glauben seid, so hört uns, die wir's wissen, und haltet Euch an unserem Stab, bis Ihr selbst lernet gehen. Und wenn Euch gute Leute trösten, mein lieber Matthias, so lernt ja glauben, dass Gott solches zu Euch sagt; folgt und zweifelt nicht, es sei gewiss Gottes Wort, der Euch, seinem Gebot nach, durch Menschen tröstet."

Christiane Herholz

32. Tag

Dietrich Bonhoeffer – Persönliche Freundschaft

Wort der Schrift „Drei Dinge gefallen mir, sie sind Gott und den Menschen angenehm: Eintracht unter Brüdern, Liebe zwischen Freunden, Mann und Frau, die einander verstehen" (Sir 25,1).

Wort in den Tag Freundschaften spielen im Leben des Theologen und Pastors Dietrich Bonhoeffer (1906–1945) eine große Rolle, besonders aber bereichert die enge Freundschaft zu Eberhard Bethge (1909–2000) sein Leben. Beide lernen sich kennen, als Bonhoeffer 1935 die Leitung des Predigerseminars der Bekennenden Kirche in Zingst (später Finkenwalde) übernimmt und Bethge einer seiner ersten Schüler wird. Viele Jahre leben und arbeiten sie zusammen. Als Bethge eine Nichte Bonhoeffers heiratet, entstehen darüber hinaus familiäre Bindungen. Nachdem Dietrich Bonhoeffer wegen seines Widerstandes im Dritten Reich der nationalsozialistischen Justiz zum Opfer gefallen ist, pflegt Eberhard Bethge das theologische Erbe des Freundes und sorgt für die Herausgabe der Werke Dietrich Bonhoeffers.
Besonders die erhaltenen Briefe geben ein lebendiges Zeugnis von dieser von beiden als außergewöhnlich empfundenen Freundschaft, die sich für sie durch Verlässlichkeit, durch den „Freundschaftsdienst der Wahrheit" und in der Fürbitte füreinander auszeichnet. Neben theologischen Themen besprechen beide auch ganz persönliche Fragen. Als sie sich dann mit ihren späteren Partnerinnen verbinden, stellt sich ihnen die Frage nach dem Verhältnis von Freundschaft und Ehe.
Zunächst tauchen vor dem Hintergrund der Haftzeit ganz praktische Fragen auf. Wer bekommt die Briefe aus dem Gefängnis, die für einen größeren Familienkreis bestimmt sind? Wer gehört zum engsten Kreis? Auch der Freund? Die Familie zählt zunächst nur die Familienangehörigen und die Verlobte dazu, bis – auf eine Bitte Bethges hin – Bonhoeffer dafür sorgt, dass auch der Freund berücksichtigt wird. Die beiden Freunde tauschen sich in ihren Briefen darüber aus. Sie stellen fest: Die eheliche

Verbindung genießt eine äußere Anerkennung – unabhängig von dem tatsächlichen Verhältnis der Eheleute untereinander. Die Freundschaft ist ganz von dem inneren Verhältnis der Freunde zueinander bestimmt und nur dadurch getragen. Eine äußere und allgemein respektierte Anerkennung gibt es nicht. Es ist die Freiheit, die die Freunde immer wieder zueinander führt. In seinem Gedicht „Der Freund" bringt Bonhoeffer diesen Gedanken zum Ausdruck: „... aus freiem Gefallen und freiem Verlangen des Geistes, der nicht des Eides noch des Gesetzes bedarf, wird der Freund dem Freunde geschenkt ..."
Bonhoeffer wird nicht mehr aus der Haft entlassen. Seine Verlobte kann er nicht mehr heiraten. Bis zum Ende des kurzen Lebens Bonhoeffers bleibt Bethge sein engster Vertrauter.

Zum Beispiel Kann man in einer Freundschaft eigentlich aufrechnen, was der eine für den anderen tut und umgekehrt? Macht es Sinn danach zu unterscheiden, was der eine geleistet hat und was der andere? Aus dem Gefängnis schreibt Bonhoeffer an seinen Freund:
„In den vergangenen Monaten habe ich wie noch nie erfahren, daß ich alles, was ich hier an Erleichterungen und Hilfe bekomme, nicht mir selbst, sondern anderen Menschen verdanke. Ich habe früher gelegentlich empfunden, daß Du unter der Tatsache, daß auch Du vieles in Deinem Leben andern Menschen verdankst, etwas leidest. Aber das ist eben ganz verkehrt. Der Wunsch, alles durch sich selbst sein zu wollen, ist ein falscher Stolz. Auch was man anderen verdankt, gehört eben zu einem und ist ein Stück des eigenen Lebens, und das Ausrechnenwollen, was man sich selbst ‚verdient' hat und was man anderen verdankt, ist sicher nicht christlich und im übrigen ein aussichtsloses Unternehmen. Man ist eben mit dem, was man selbst ist und was man empfängt, ein Ganzes. Das wollte ich Dir noch sagen, weil ich es jetzt selbst erlebt habe und doch nicht erst jetzt, sondern unausgesprochen schon in den langen Jahren unserer vita communis. Ich habe von Dir bestimmt nicht weniger empfangen als Du von mir."

Christiane Herholz

33. Tag
Etty Hillesum – Zwiesprache mit Gott

Wort der Schrift „Der Herr zog vor ihnen her, bei Tag in einer Wolkensäule, um ihnen den Weg zu zeigen, bei Nacht in einer Feuersäule, um ihnen zu leuchten. So konnten sie Tag und Nacht unterwegs sein“ (Ex 13,21).

Wort in den Tag Etty Hillesum (1914–1943) ist durch ihre Tagebücher bekannt geworden, die sie während des 2. Weltkrieges in Amsterdam geschrieben hat. Ihre Aufzeichnungen entstehen fast zur gleichen Zeit wie die Tagebücher Anne Franks. Ebenso wie diese ist auch Etty Hillesum Jüdin und Opfer der nationalsozialistischen Judenverfolgung. Im Unterschied zu Anne Frank lebt sie nicht im Untergrund, erfährt aber sehr deutlich die immer zahlreicher werdenden Einschränkungen ihres täglichen Lebens. Schreibt Anne Frank aus der Sicht eines 13–16 Jahre alten Mädchens, geben die Tagebücher Etty Hillesums Eindrücke wieder aus der Perspektive einer etwa 27-jährigen Frau. Im November 1943 wird Etty Hillesum in Auschwitz ermordet.
In den Aufzeichnungen begegnet uns eine junge Frau, die nach einem abgeschlossenen Jurastudium Slawistik und Psychologie studiert. Intensiv setzt sie sich mit ihren Gedanken und Gefühlen auseinander und gewinnt durch das Schreiben eine innere Sicherheit. Geprägt wird sie durch die Begegnung und spätere enge Freundschaft mit dem zu jener Zeit berühmten „Experten der Handlinien“, dem Psychochirologen Dr. Julius Spier.
Zunehmend erwacht in Etty eine religiöse Beziehung zu Gott, die sie sehr intensiv erlebt und die ihr in den furchtbaren Verfolgungssituationen den Rücken stärkt.
Nach dem Tode Spiers im September 1942 schreibt Etty im Rückblick: „Du hast mich gelehrt, unbefangen den Namen Gottes auszusprechen. Du warst der Vermittler zwischen Gott und mir, und nun bist du, mein Vermittler, fortgegangen, und mein Weg führt jetzt geradewegs zu Gott, das ist gut, ich fühle es. Und nun will ich meinerseits zur Vermittlerin werden für alle anderen, die ich erreichen kann“ (Tagebucheintrag vom 15.9.1942). So wie

ihr Begleiter in ihr den Weg zu Gott freigelegt hat, möchte sie auch in anderen Menschen Gott aufspüren. Sie möchte den Einzelnen begegnen, ihr Gemüt kennenlernen, um ihnen ihren ganz persönlichen Weg zu Gott zu zeigen.
In einer säkularen Umgebung aufgewachsen, hat sie zu religiösen Traditionen nur eine lockere Verbindung. Ihr Verhältnis zu Gott ist unkonventionell. Etty nennt das Allertiefste und Allerreichste ihres Lebens Gott. Gott ist für sie der Urquell, aus dem sie Kraft schöpfen kann. Zu ihm entwickelt sie ein ganz persönliches, vertrautes Verhältnis. Sie spricht zu Gott wie zu einem engen Freund. Sie erzählt ihm von ihren Gedanken und Gefühlen. Aber sie empfindet auch einen großen Abstand, als sie einmal ganz plötzlich und für sie überraschend den Drang in sich fühlt, vor Gott auf die Knie zu gehen. Diese Geste der Ehrfurcht, bisher für sie ungewohnt, gewinnt für sie eine große Bedeutung. Sie schreibt: „Das einzige menschenwürdige Verhalten, das uns in dieser Zeit noch geblieben ist: das Knien vor Gott“ (Tagebucheintrag vom 23.9.1942). Das Gespräch mit Gott ist der Schutzraum, in den sie sich in aller Bedrohung immer wieder flüchten kann (Tagebucheintrag vom 10.10.1942).
Die Liebe und Geborgenheit, die sie in ihrer Verbundenheit mit Gott erlebt, schenkt sie an andere weiter. In jedem Menschen sucht sie nach den Spuren Gottes. In jedem Menschen, so drückt sie es einmal aus, liebt sie ein Stück von Gott. Immer wieder setzt sie sich ganz praktisch für andere ein, versucht, sie zu stützen und ihnen ihr Schicksal zu erleichtern. Bis zuletzt kann sie in sich diese Liebe zu den Menschen bewahren.

Zum Beispiel Auch im Durchgangslager Westerbork – angesichts der drohenden Vernichtung – beschreibt Etty Hillesum ihre Gedanken und Gefühle und lässt uns teilhaben an ihrer Zwiesprache mit Gott:
„Du hast mich so reich gemacht, mein Gott, lass mich auch mit vollen Händen davon austeilen. Mein Leben ist zu einem ununterbrochenen Zwiegespräch mit dir, mein Gott, geworden, zu einem einzigen großen Zwiegespräch. Wenn ich in einer Ecke des Lagers stehe, die Füße auf deiner Erde, das Gesicht zu deinem Himmel erhoben, dann laufen mir manchmal die Tränen über

das Gesicht, entsprungen aus einer inneren Bewegtheit und Dankbarkeit, die nach einem Ausweg sucht. Auch abends, wenn ich im Bett liege und in dir ruhe, mein Gott, rinnen mir manchmal die Tränen der Dankbarkeit übers Gesicht, und das ist mein Gebet. ... Ich kämpfe nicht gegen dich, mein Gott, mein Leben ist ein großes Zwiegespräch mit dir. ... Ich fühle mich tief in dir geborgen, mein Gott. ... Ich komme immer wieder bald auf ein und dasselbe Wort zurück: Gott, darin ist alles enthalten“ (Tagebucheintrag vom 18.8.1943).

Christiane Herholz

34. Tag

Engel – himmlische Freunde

Wort der Schrift „Ich werde einen Engel schicken, der dir vorausgeht. Er soll dich auf dem Weg schützen und dich an den Ort bringen, den ich bestimmt habe. Achte auf ihn und hör auf seine Stimme! Widersetz dich ihm nicht! Er würde es nicht ertragen, wenn ihr euch auflehnt; denn in ihm ist mein Name gegenwärtig. Wenn du auf seine Stimme hörst und alles tust, was ich sage, dann werde ich der Feind deiner Feinde sein und alle in die Enge treiben, die dich bedrängen“ (Ex 23,20-22).

Wort in den Tag Die Wirklichkeit ist mehr als die Dinge, als das Material. Sie ist auch das, was zwischen den Dingen ist, die Beziehung zu ihnen. Vielleicht wird die Wirklichkeit nicht zuerst durch das Vorhandensein der Dinge definiert, sondern durch die Beziehung des Menschen zu ihnen.
Milliarden Menschen gibt es, aber einige nenne ich meine Freundinnen und Freunde. Die Freundschaft, die zwischen uns ist, hebt sie heraus aus der Masse. Die Beziehung zwischen uns macht den Freund so wichtig und wertvoll. Diese Beziehung muss man pflegen, sonst verkümmert die Freundschaft. Das Glück des Lebens gewinnen wir durch Beziehungen, nicht nur durch Vorhandensein von Besitz und Reichtum.
Die Wirklichkeit ist auch das, was zwischen den Dingen und was zwischen den Menschen ist. Hier ist auch der Platz, den Gott für seine Gegenwart wählt. Der Schöpfer ist mehr als der Macher. Er bleibt zwischen mir und dem, was er geschaffen hat. In ihm leben und bewegen wir uns. Die Welt ist kein Gefängnis. Sie ist offen und immerfort kommen Kräfte von Gott her zu uns.
In diesen Zwischenraum sendet Gott seine Engel. Sie erleichtern uns die Beziehung zu Gott. Deshalb ist es sinnvoll, eine persönliche Beziehung zu den Engeln zu finden. Sie sind nicht nur „vorhanden“, sie suchen unsere Freundschaft. Und wenn wir ihre Wegbegleitung annehmen, finden wir die Hand, die uns Halt gibt, das Wort, das uns tröstet, den Zuspruch, der uns alle Angst nimmt.

Auch Gott bietet uns seine Freundschaft an. Gottes Freundschaft zu den Menschen zeigt sich für mich darin, dass er jedem einen Engel zur Seite stellt. Alle, die „alleinstehen“ und ihre Einsamkeit spüren, werden die Worte des Psalms 91 mit Aufmerksamkeit aufnehmen: „Er befiehlt seinen Engeln, dich zu behüten auf all deinen Wegen. Sie tragen dich auf ihren Händen, damit dein Fuß nicht an einen Stein stößt ... Du brauchst dich vor dem Schrecken der Nacht nicht zu fürchten ... Ich bin bei dir in der Not, befreie dich und bringe dich zu Ehren.“
Mir steht dabei das Bild des Schutzengels vor Augen. Ein treuer Wegbegleiter für alle Wege, die ich gehe. Welch beglückende Zusage, dass Gott einen Engel bestellt hat, der uns Menschen in unseren Bedrängnissen zur Seite steht!

Zum Beispiel ***Mein Schutzengel***
Eine Mutter befestigte ein Engelgebet an der Tür des Kinderzimmers. Engel sind Nothelfer, Tröster, wenn die Ohnmacht uns befällt, Gesprächspartner, wenn man Nächte durchwacht. Einen Engel als Freund wünscht die Frau jedem ihrer heranwachsenden Kinder.
Ich spreche mit den Engeln meiner erwachsenen Kinder:
Seid ihr immer noch bei ihnen und habt ihre Wünsche in euren Händen? Wisst ihr etwas von ihrer Einsamkeit? Und wenn sie nun euch und das Leben überhaupt ablehnen, wendet ihr euch dann ab und grollt ihnen oder bleibt ihr trotzdem bei ihnen?
Sie brauchen euch, mehr noch als damals, als sie klein waren. Sie brauchen euch ganz dringend! Denn die Jugend ist die schwerste Zeit. Alles muss eigenhändig geregelt werden, man muss sich freikämpfen, alles selbst durchdenken und von Engeln will man nichts wissen.
Oh, ihr Engel meiner erwachsenen Kinder! Eine Mutter darf nicht länger eingreifen, aber ihr dürft. Eine Mutter darf nicht länger Rat geben, aber eure Weisheit kommt von Gott. Bleibt bei meinen erwachsenen Kindern, ihr Engel! Helft ihnen, im Gestrüpp zu wandern und den rechten Weg zu finden, ihren eigenen Weg!

„So sehr hat Gott die Welt geliebt“

35. Tag

Lebendige Kommunikation – Mein Freund Jesus

Wort der Schrift „Bleibt in mir, dann bleibe ich in euch. Wie die Rebe aus sich keine Frucht bringen kann, sondern nur, wenn sie am Weinstock bleibt, so könnt auch ihr keine Frucht bringen, wenn ihr nicht in mir bleibt. Ich bin der Weinstock, ihr seid die Reben. Wer in mir bleibt und in wem ich bleibe, der bringt reiche Frucht; denn getrennt von mir könnt ihr nichts vollbringen“ (Joh 15,4-5).

Wort in den Tag „Ich habe meinen Freund wiedergefunden“, sagte mir eine Ordensschwester am Ende eines Exerzitienkurses. „Ich habe ihn nicht mehr beachtet, weil ich Wichtigeres zu tun hatte. Ich hatte keine Zeit für ihn. Ich war innerlich so unruhig, dass ich gar nicht mehr fähig war, mich still zu meinem Freund zu setzen. Jetzt habe ich ihn wiedergefunden. Ich konnte ihm alles erzählen.“

Jede Freundschaft, auch die mit Christus, braucht Beziehungspflege. Antoine de Saint-Exupéry hat in seinem Buch „Der kleine Prinz“ beschrieben, wie man Freundschaft vertieft (siehe 3. Tag). Wie geht das? „Du musst jeden Tag ein kleines Stück näher zu mir rücken.“ Auch im geistlichen Leben soll die Vertrautheit mit Jesus sich ständig vertiefen. „Wachse in mir!“ Ein Weg ist die Schriftmeditation oder auch die Schweigemeditation.

Wer Jesus als Freund entdeckt hat, hat einen Gesprächspartner gefunden. Ihm kann man alles sagen. Und wenn man gut zuhört, gibt er auch Antwort. In Krisenzeiten, wenn man meint, alle haben einen im Stich gelassen, dann ist er die gute Adresse, der Freund, der treu ist.

Die Spiritualität der heiligen Theresia von Avila (1515–1582) schöpft vor allem aus der Freundschaft mit Jesus. Sie bezeichnet sich in ihrer Lebensbeschreibung als sehr freundschaftsfähig. Freundschaften spielen für die Ordensfrau eine große Rolle (Leben 2,8), besonders die leidenschaftliche Freundschaft mit einem viel jüngeren Ordensmann, Jerónimo Gracián. „Das Gottesgeschenk“ nennt Theresia den Freund. Sie wurde von ihrem Freund gedrängt,

ihre mystischen Erfahrungen in dem Buch „Die innere Burg" aufzuschreiben.
Echte Freundschaft wird von Gott geschenkt. Die Erfahrungen menschlicher Freundschaft überträgt Theresia auf die innige Freundschaft mit Christus. Jede menschliche Freundschaft ist aber begrenzt und voller Fehler. Der vollendete Freund ist Jesus.
Auch Jesus sucht die Gemeinschaft mit uns. Und er möchte, dass wir in seinem Namen untereinander Gemeinschaft haben. „Communio" ist ein Grundbegriff unseres Glaubens. Das Geheimnis dieses Liebesbundes beschreibt Jesus selbst im Bild des Weinstocks. „Ich bin der Weinstock, ihr seid die Reben", sagt Jesus. Nur in dieser lebendigen Verbundenheit wachsen die Früchte. Die Rebe lebt nicht aus sich, sondern nur im Kreislauf des Lebensstromes, den sie aus dem Wurzelstock empfängt. „Wer in mir bleibt und in wem ich bleibe, der bringt reiche Frucht; denn getrennt von mir könnt ihr nichts vollbringen" (Joh 15,5).
Er in mir und ich in ihm. Gibt es eine tiefere Kommunikation? „Nicht mehr ich lebe, sondern Christus lebt in mir" (Gal 2,20), sagt der Apostel Paulus. Im lebendigen Strom der Liebe beginnt alles zu blühen und Früchte zu tragen. „Herr, zwischen dir und mir sind alle Dinge schön", schreibt die deutsche Mystikerin Mechthild von Magdeburg.
„Als ich Dir mein Du verschenkte, begann das Fest meines Lebens. Mit tausend Namen rufe ich den Freund: Wo ich gehe – DU, wo ich stehe – DU. Wohin ich mich wende an jedem Anfang und Ende: nur DU – wieder DU – immer DU" (Martin Buber).

Zum Beispiel In einem Gedicht beschreibt Theresia von Avila ihre innige Freundschaft mit Gott und mit Jesus:

Gott spricht:
O Seele, suche dich in Mir,
und Seele, suche Mich in dir.

Die Liebe hat in Meinem Wesen
dich abgebildet treu und klar:
kein Maler lässt so wunderbar,

o Seele, deine Züge lesen.
Hat doch die Liebe dich erkoren
als meines Herzens schönste Zier:
bist du verirrt, bist du verloren,
o Seele, suche dich in Mir.

In meines Herzens Tiefe trage
Ich dein Porträt, so echt gemalt;
sähst du, wie es vor Leben strahlt,
verstummte jede bange Frage.
Und wenn dein Sehnen Mich nicht findet
dann such nicht dort und such nicht hier:
gedenk, was dich im Tiefsten bindet,
und, Seele, suche Mich in dir.

Du bist mein Haus und meine Bleibe,
bist meine Heimat für und für:
Ich klopfe stets an deine Tür,
dass dich kein Trachten von Mir treibe.
Und meinst du, Ich sei fern von hier,
dann ruf Mich, und du wirst erfassen,
dass Ich dich keinen Schritt verlassen:
und, Seele, suche Mich in dir.

Theresia von Avila

So konnte Theresia von Avila damals schreiben. Auch heute ist die Sprache wie ein Hymnus und voller Melodien, wenn sie aus der Freundschaft mit Christus schöpft:

Dem Freunde

Freund
Bist DU mir
Aus der Tiefe der Zeit

Himmel und Erde
Wolken Regen und Wind
Die Bäume des Waldes

Und mein Herz
Jubeln

DU
Bist mein Freund

Auserwählt
Hast DU mich
Vor aller Zeit

Brot und Wein
Teilst DU mit mir
Mein Tagewerk
Und die Träume der Nacht
DU
Mein Freund

Jubeln
Lässt DU mein Herz
Und klagen
Bis hinauf
An dein Kreuz
DU
Mein Freund

Im Schrei noch
Mit blutendem Herzen
Umarmst DU
Mein Herz
DU
Mein Freund
Der DU
Dein Leben gibst
Für deine Freunde

EDELTRAUD BÜLOW

36. Tag

Beten ist wie ein gutes Gespräch mit einem Freund

Wort der Schrift „Wenn ihr betet, macht es nicht wie die Heuchler. Sie stellen sich beim Gebet gern in die Synagogen und an die Straßenecken, damit sie von den Leuten gesehen werden. Amen, das sage ich euch: Sie haben ihren Lohn bereits erhalten. Du aber geh in deine Kammer, wenn du betest, und schließ die Tür zu; dann bete zu deinem Vater, der im Verborgenen ist. Dein Vater, der auch das Verborgene sieht, wird es dir vergelten. Wenn ihr betet, sollt ihr nicht plappern wie die Heiden, die meinen, sie werden nur erhört, wenn sie viele Worte machen. Macht es nicht wie sie; denn euer Vater weiß, was ihr braucht, noch ehe ihr ihn bittet“ (Mt 6,5-8).

Wort in den Tag „Das innere Beten ist meiner Ansicht nach nichts anderes als ein Verweilen bei einem Freund, mit dem wir oft und gern allein zusammenkommen, um bei ihm zu sein, weil wir sicher sind, dass er uns liebt“, schreibt Theresia von Avila in ihren Lebenserinnerungen.
So möchte ich mit Jesus sprechen können, wie mit einem guten Freund, dem ich alles sagen kann. Es gibt Eltern, die beten mit ihren Kleinkindern, indem die Kinder am Abend von ihren Erlebnissen, Freuden und Ängsten erzählen. Aus Frankreich kommt die Empfehlung der „Révision de vie“. Vor dem Einschlafen überdenke ich noch einmal den Tag. Für das Schöne danke ich, für die Pannen und Fehler bitte ich um Verzeihung. Diese Besinnung hilft uns, die Oberflächlichkeit und Banalisierung unseres Lebens zu durchbrechen.
Der Mensch ist ein sprechendes Wesen. Er spricht auch mit sich selbst. Die Psychologen befürchten, dass unsere Selbstgespräche immer mehr verstummen. Ständig sind wir in Aktion, tausend Ablenkungen ausgesetzt. Und nach dem Fernsehprogramm am Abend sinken wir schließlich todmüde ins Bett. Wen wundert's, wenn wir nachts Alpträume haben? Wir brauchen mehr Zeit, um die Ereignisse des Tages zu verdauen. Sonst leiden wir schnell an seelischen Verdauungsschwierigkeiten.

Wer betet, tut etwas für die Hygiene der Seele. Die Selbstgespräche bleiben keine Monologe, sondern werden zu Dialogen, zum intensiven Austausch mit einem guten Freund. Jemand hat sogar gesagt: Beten ist wie ein gutes Gespräch am Telefon. Und Gott legt nie den Hörer auf. Er ist jederzeit und überall für mich zu sprechen. Ja, ich darf Gott mit „Du" anreden. Mit tausend Namen rufe ich den Freund.
Theresia von Avila weiß sich in Gott aufgehoben, weil für sie Gott vor allem der Freund an ihrer Seite ist, der sie nie im Stich lässt. Sie findet Gott in ihrem eigenen Innern, von Angesicht zu Angesicht im inneren Gebet. Dies ist für sie wie ein Gespräch mit einem Freund, mit dem man gerne zusammen ist.
Innere Vorgänge beschreibt Theresia, wie sie selbst sagt, am besten mit dem Bild des Wassers. Sie bezeichnet sich als eine große Freundin dieses Elements. Es ist für sie strömend und tief, bewegt und still, stets angepasst und immer zielgerichtet, aber auch grenzenlos und ursprungsgebunden. Geistliches Leben ist für sie nichts anderes, als die Freundschaft mit Gott zu pflegen und immer wieder zu suchen. Das geistliche Leben ist wie einen Garten pflegen, den Gott selbst eingerichtet hat.

Zum Beispiel Sie saß oft zwischen den Obdachlosen auf der Straße. Alle nannten sie Krümel. Sie war an Krebs erkrankt. Sie hatte die Straßenkarriere hinter sich. Als Kind wurde sie vergewaltigt. Als Prostituierte erniedrigt. Jetzt hatte sie einen Freund gefunden, mit dem sie täglich sprach. Und das klang so:
„Wenn ich mir so meinen Kopf mache und in mich gehe, wird mir warm, wenn ich an Gott denke. Der Typ ist echt klasse! Gott ist so richtig warm und es ist schön zu denken: Hey, Gott, ich hab dich so lieb!
Gott ist manchmal was mit vielen Knoten und oft ist es so, dass ich sehr lange brauche, um Gott zu verstehen. – Manchen ‚Knoten-Gott' bekomme ich leicht auf. Oft bin ich am Rumrätseln, warum Gott was wie macht. Er hat gesagt, er erschafft uns Menschen nach seinem Ebenbild – das heißt, in jedem von uns ist ein Stück Gott und so kann ich mir auch erklären, warum ich ein Kind von Gott bin. Ich rede oft mit Gott und hau ihn um was an, z. B. wenn ich möchte, dass jemand ganz schnell Gott in

sich reinlässt, obwohl besagter Jemand nicht an Gott glaubt, aber ihn wirklich dringend braucht – dann klappt das nicht, weil Gott kein Kippschalter ist und vielleicht auch weil der Mensch, für den ich zu Gott bete, einfach Zeit braucht.
Ist auf eine Art auch komisch: Manchmal ist Gott wie 'ne Windböe, sehr oft ist er aber wie ein leiser Windhauch. Er hat 'ne feine und leise Stimme. Manchmal muss ich mich sehr anstrengen, um ihn zu hören und zu verstehen. Auch wenn's sich lustig anhört: Mein Gott ist ‚mein Ass im Ärmel‘ und ich finde es schön, dass es ihn gibt.“

37. Tag
Johannesminne

Wort der Schrift „Jesus war im Innersten erschüttert und bekräftigte: Amen, amen, das sage ich euch: Einer von euch wird mich verraten. Die Jünger blickten sich ratlos an, weil sie nicht wussten, wen er meinte. Einer von den Jüngern lag an der Seite Jesu; es war der, den Jesus liebte. Simon Petrus nickte ihm zu, er solle fragen, von wem Jesus spreche. Da lehnte sich dieser zurück an die Brust Jesu und fragte ihn: Herr, wer ist es?" (Joh 13,21-25).

Wort in den Tag Einer von den Jüngern lag an der Seite Jesu; es war der, den Jesus liebte ... Da lehnte sich dieser zurück an die Brust Jesu und fragte ihn: „Herr, wer ist es?" (Joh 13,21-25).

Diesen Augenblick im Abendmahlsaal hat der Künstler gestaltet. Mit großer Sensibilität und Zärtlichkeit legt der Jünger seinen Kopf an das Herz seines Freundes. „Am Abend vor seinem Leiden", beim Abendmahl, liegt Johannes, der Jünger, den Jesus so lieb hatte, an seiner Seite. Er ruht mit geschlossenen Augen an seinem Herzen. Sogar die Bewegung des Gewandes kreist um die Mitte, das Herz.
Bald wird das Herz von der Lanze durchstoßen. Es wird zum Brunnen der Liebe, zur Quelle, die uns die Erlösung bringt. „Kommt alle zu mir, die ihr euch plagt und schwere Lasten zu tragen habt. Ich werde euch Ruhe verschaffen" (Mt 11,28).

Das Ruhen an seiner Seite ist der Liebe vorbehalten. Der Platz neben ihm ist für den Freund reserviert. Der Freund sucht die Nähe. Der hautnahe Kontakt macht ihn glücklich. Wer kennt sie nicht, die Sehnsucht nach der starken Schulter, die Halt gibt und Geborgenheit erfahren lässt? Das ist Ruhen im Glück. „Verweile doch, du bist so schön!“

Wenn Fremde sich treffen, müssen sie reden, sonst wird ihre Begegnung peinlich. Wenn Freunde sich begegnen, können sie schweigen. Es gibt eine Kommunikation der Herzen, die keine Worte braucht.

„Ich bin da! – adsum!“, das ist das Wort, das der Mensch vor Gott aussprechen kann. Das ist seine gültige Antwort. Du brauchst nichts mehr zu leisten. Du brauchst dich nicht zu beweisen. Du ruhst in ihm. „Hier bin ich, Herr!“ (Apg 9,10). Das ist Anbetung.

Es ist ein Ort des Friedens. Die linke Hand Jesu liegt ruhig auf der Schulter des Jüngers. Die Hand des Jüngers aber liegt still im Schoß. Umfangen von der Gebärde der Freundschaft, sind Ruhe und Frieden in ihm.

Das Nebeneinander der beiden wird zum Ineinander einer Gestalt. Die Freunde sind zu einer Figur verschmolzen. Die ineinandergelegten Hände sprechen ihre eigene Sprache. In die offen hingehaltene rechte Hand Jesu legt Johannes seine Rechte, behutsam und zärtlich. „So nimm denn meine Hände und führe mich.“ Aber keine Hand bemächtigt sich der anderen. Die Freiheit wird geachtet. Ohne Angst kann der Jünger sich anvertrauen.

Die Umarmung ist die tiefste, intimste Erfahrung zwischen Freunden. „Kommt alle zu mir!“ (Mt 11,28), sagt Jesus zu allen, die seine Freundschaft suchen. Dem Kommen folgt das Bleiben. Er zieht uns an. Er legt seinen Arm um uns. Er hält uns seine offene Hand hin. „Nicht ihr habt mich erwählt, sondern ich habe euch erwählt“ (Joh 15,16).

Die Figur der Johannesminne ist ein Bild der Brautmystik: „Wer die Braut hat, ist der Bräutigam; der Freund des Bräutigams aber, der dabeisteht und ihn hört, freut sich über die Stimme des Bräutigams“ (Joh 3,29-30).

Im Alten Testament wird diese Liebe im Hohelied besungen: „Ich gehöre meinem Geliebten und ihn verlangt nach mir“ (Hld 7,11).

Gott ist auf der Suche nach uns Menschen. Gottes Sehnsucht ist der Mensch. Ziel der Menschwerdung seines Sohnes ist der Mensch. Dürfen auch wir jetzt von Gott so sprechen: „Nach mir hat er Verlangen"? Wie antworte ich?

Zum Beispiel Bevor die Figuren der „Johannesminne" (um 1300) entstanden, wurde der Hymnus „Jesu dulcis memoria" (im 12. Jahrhundert) gedichtet und komponiert. Es ist ein Lied über die Freundschaft mit Jesus aus den Quellen der Zisterzienser-Mystik.

1. O lieber Jesu, denk ich dein, strömt Glück in meine Seele ein;
doch meine höchste Freude ist, wenn du, o Jesu, bei mir bist.
2. Kein Lied so sehr zu Herzen dringt, kein Klang, kein Ton so lieblich klingt, kein Name bringt so reichen Lohn als Jesus Christus, Gottes Sohn.
3. Du tröstest den, der Buße tut, gibst dem, der bittet, neuen Mut;
dich suchen nimmt von uns das Leid, dich finden, welche Seligkeit.
4. Kein Wort, o Jesu, würdig preist die Güte, die du uns erweist.
Nur wer sich ganz in dich versenkt, verspürt, was deine Liebe schenkt.
5. O Jesu, der uns Freude bringt, du Quell, aus dem uns Kraft entspringt, Licht, das uns Gottes Liebe zeigt, die alles Sehnen übersteigt.
6. Du unser Glück in dieser Zeit, du Sonne unsrer Ewigkeit,
in dir erstrahlt der Gottheit Schein; lass uns mit dir verherrlicht sein.

Gotteslob Nr. 550

38. Tag

Enttäuschte Freundschaft

Wort der Schrift „Darauf kam Jesus mit den Jüngern zu einem Grundstück, das man Getsemani nennt, und sagte zu ihnen: Setzt euch und wartet hier, während ich dort bete. Und er nahm Petrus und die beiden Söhne des Zebedäus mit sich. Da ergriff ihn Angst und Traurigkeit, und er sagte zu ihnen: Meine Seele ist zu Tode betrübt. Bleibt hier und wacht mit mir! Und er ging ein Stück weiter, warf sich zu Boden und betete: Mein Vater, wenn es möglich ist, gehe dieser Kelch an mir vorüber. Aber nicht wie ich will, sondern wie du willst. Und er ging zu den Jüngern zurück und fand sie schlafend. Da sagte er zu Petrus: Konntet ihr nicht einmal eine Stunde mit mir wachen? Wacht und betet, damit ihr nicht in Versuchung geratet. Der Geist ist willig, aber das Fleisch ist schwach.
Dann ging er zum zweiten Mal weg und betete: Mein Vater, wenn dieser Kelch an mir nicht vorübergehen kann, ohne dass ich ihn trinke, geschehe dein Wille. Als er zurückkam, fand er sie wieder schlafend, denn die Augen waren ihnen zugefallen. Und er ging wieder von ihnen weg und betete zum dritten Mal mit den gleichen Worten. Danach kehrte er zu den Jüngern zurück und sagte zu ihnen: Schlaft ihr immer noch und ruht euch aus? Die Stunde ist gekommen; jetzt wird der Menschensohn den Sündern ausgeliefert. Steht auf, wir wollen gehen! Seht, der Verräter, der mich ausliefert, ist da" (Mt 26,36-50).

Wort in den Tag Kenne ich jemanden, der mich noch nie enttäuscht hat? Beim Nachdenken wird mir klar, dass Menschen immer Fehler und Schwächen haben. Auch ich habe Menschen enttäuscht.
Enttäuschungen sind bitter und vergiften unser Leben. Besonders schlimm sind die Enttäuschungen, die uns geliebte Menschen zufügen. Vielleicht haben Sie eine Ehescheidung hinter sich? Vielleicht hat Sie Ihr bester Freund hintergangen? Vielleicht hat Ihnen Ihr Arbeitskollege im heutigen Konkurrenzdruck durch üble Nachrede geschadet?

Die Enttäuschung über seine besten Freunde muss Jesus tief verletzt haben. Im Abendmahlssaal ruhte der Jünger, „den er lieb hatte“, an seiner Brust. Jetzt in Getsemani will er Johannes, Petrus und Jakobus ganz nah bei sich haben. Die Ölbergstunde führt ihn an den Abgrund der Verzweiflung: „Meine Seele ist zu Tode betrübt. Bleibt hier und wacht mit mir!“
Die Enttäuschung über seine vertrauten Apostel wird im biblischen Bericht nicht verschwiegen: „Er ging zu den Jüngern zurück und fand sie schlafend. Da sagte er zu Petrus: Konntet ihr nicht einmal eine Stunde mit mir wachen? Wacht und betet, damit ihr nicht in Versuchung geratet.“ Der Nachsatz klingt wie eine Entschuldigung: „Der Geist ist willig, aber das Fleisch ist schwach.“
Wieder ringt Jesus um die innere Zustimmung zum Willen Gottes. Wieder findet er seine Jünger schlafend, „denn die Augen waren ihnen zugefallen.“
Und zum dritten Mal betet Jesus. Als er zu den Jüngern zurückkommt, schlafen sie immer noch. Die tiefe Enttäuschung Jesu spürt man im Text: „Schlaft ihr immer noch und ruht euch aus? Die Stunde ist gekommen; jetzt wird der Menschensohn den Sündern ausgeliefert. Steht auf, wir wollen gehen! Seht, der Verräter, der mich ausliefert, ist da.“
In der Not möchte man gern einen Freund bei sich haben. Wie oft bitten wir doch einen Freund, eine Freundin, sie mögen uns zu einer Prüfung begleiten oder zu einem Menschen, vor dem wir Angst haben. Diesen Trost erfährt Jesus nicht. Er wird enttäuscht von seinen besten Freunden, als er sie ganz notwendig braucht. Sie schlafen und „ruhen sich aus“.
Auf den Weg zum Garten Getsemani hat Petrus noch lautstark behauptet: „Und wenn ich mit dir sterben müsste – ich werde dich nie verleugnen.“
Dann folgt der Kuss des Judas. „Er ging auf Jesus zu und sagte: Sei gegrüßt, Rabbi! Und er küsste ihn. Jesus erwiderte ihm: Freund, dazu bist du gekommen?“ (Mt 26,50). Mit einem Kuss verrät Judas seinen Herrn. Wenn er wenigstens kein Geld genommen hätte. Dreißig Silberlinge sind der Lohn dieses miesen Geschäftes.
Enttäuschte Freundschaft verletzt besonders, wie der Psalm 41 sagt: „Auch mein Freund, dem ich vertraute, der mein Brot aß, hat mich verraten“ (Ps 41,10).

Zum Beispiel „Wachet und betet!“ Diese Bitte Jesu hat in späteren Jahrhunderten vielfältiges Echo gefunden. Am Abend des Gründonnerstages lassen sich viele Christen einladen zu einer stillen Stunde der Nachtwache in der Gemeindekirche. Junge Erwachsene finden sich in geistlichen Zentren ein und halten die ganze Nacht bis zum Morgen des Karfreitags Nachtwache. Die Bitte Jesu: „Wachet und betet mit mir!“ hat Antwort gefunden. Es gibt Ordensgemeinschaften, die bewusst die Nachtwache und den Nachtchor um Mitternacht halten, um der Bitte Jesu zu entsprechen.
Den Dienst der Wachsamkeit besingt die Benediktinerin Silja Walter:

Jemand muss zu Hause sein, Herr, wenn du kommst.
Jemand muss dich erwarten, unten am Fluss vor der Stadt.
Jemand muss nach dir Ausschau halten Tag und Nacht.
Wer weiß denn, wann du kommst?
...
Jemand muss wachen unten an der Brücke, um deine Ankunft zu melden,
Herr, du kommst ja doch in der Nacht, wie ein Dieb.
Wachen ist unser Dienst. Wachen.
Auch für die Welt. Sie ist oft so leichtsinnig, läuft draußen herum
und nachts ist sie auch nicht zu Hause. Denkt sie daran, dass du kommst?
Dass du ihr Herr bist und sicher kommst?
...
Herr, und jemand muss dich aushalten, dich ertragen, ohne davonzulaufen.
Deine Abwesenheit aushalten, ohne an deinem Kommen zu zweifeln.
Dein Schweigen aushalten und trotzdem singen.
Dein Leiden, deinen Tod mit aushalten und daraus leben.
Das muss immer jemand tun mit allen anderen. Und für sie.

Und jemand muss singen, Herr, wenn du kommst!
Das ist unser Dienst: Dich kommen sehen und singen.
Weil du Gott bist.
Weil du die großen Werke tust, die keiner wirkt als du.
Und weil du herrlich bist und wunderbar, wie keiner.
...

Silja Walter

39. Tag
Für uns hingegeben

Wort der Schrift „Was ergibt sich nun, wenn wir das alles bedenken? Ist Gott für uns, wer ist dann gegen uns? Er hat seinen eigenen Sohn nicht verschont, sondern ihn für uns alle hingegeben – wie sollte er uns mit ihm nicht alles schenken? ... Christus Jesus, der gestorben ist, mehr noch: der auferweckt worden ist, sitzt zur Rechten Gottes und tritt für uns ein. Was kann uns scheiden von der Liebe Christi? Bedrängnis oder Not oder Verfolgung, Hunger oder Kälte, Gefahr oder Schwert? In der Schrift steht: Um deinetwillen sind wir den ganzen Tag dem Tod ausgesetzt; wir werden behandelt wie Schafe, die man zum Schlachten bestimmt hat. Doch all das überwinden wir durch den, der uns geliebt hat. Denn ich bin gewiss: Weder Tod noch Leben, weder Engel noch Mächte, weder Gegenwärtiges noch Zukünftiges, weder Gewalten der Höhe oder Tiefe noch irgendeine andere Kreatur können uns scheiden von der Liebe Gottes, die in Christus Jesus ist, unserem Herrn" (Röm 8,31-39).

Wort in den Tag Wenn es gefährlich wird, springen sie ein, die sogenannten Stuntmen. In der Film- und Fernsehwelt gibt es sie, die Doubles, die dann für die Schauspieler Kopf und Kragen riskieren, wenn die Geschichte halsbrecherisch wird. Man kennt sie kaum, man nennt sie selten, diese „Stellvertreter". Doch sind sie unentbehrlich für gewagte Inszenierungen. „In meinen Augen ist das Christentum die gewagteste Inszenierung der Weltgeschichte. Gott selbst ist in sie verwickelt" (J. B. Metz).

Ein Grundgesetz der biblischen Heilsgeschichte wird sichtbar: das Gesetz der Stellvertretung. In Jesus Christus ist es am deutlichsten erfahrbar. Er tritt für uns vor Gott ein und vertritt zugleich Gott in unserer Welt. Er handelt im Namen Gottes.

Zur Rechten Gottes tritt er für uns ein. Er steht auf unserer Seite. „Per Christum Dominum nostrum" spricht die Kirche seit alter Zeit nach jedem Gebet. „Durch Christus unseren Herrn"

bitten wir Gott. Er ist unser Fürsprecher. Auf ihn können wir uns verlassen.
Christus ist unser Verbündeter, unser Anwalt. Das hat ihn das Leben gekostet. „Für uns und um unseres Heiles willen" ist er am Kreuz gestorben. In der Eucharistiefeier hören wir die Wandlungsworte: „Dies ist mein Leib, für euch hingegeben." Dieses „pro vobis", das „für euch hingegeben" ist ein anspruchsvolles Wort. Am Karfreitag, wenn wir die Passion hören und in der Feier vortreten, um das Kreuz zu verehren, kann man vom Kreuz her hören: „Für dich!"
Kann man solch ein Lebensopfer überhaupt annehmen? Je länger ich darüber nachdenke, umso mehr wünsche ich mir dies, dass einer für mich da ist, dass einer für mich eintritt und im Notfall alles riskiert. Ist das nicht die Sehnsucht unserer Tage: Einer für den anderen? – wo so viele gezwungen sind, allein über die Runden zu kommen. Brauche ich nicht wenigstens einen Freund, einen Verbündeten? Wie sollte ich leben, wenn keiner mehr einen Finger für mich krümmt?
Einer für den anderen? – Doch, das gibt es ja! Ohne zu rechnen, tritt der eine für den anderen im Notfall ein. Wie sollte eine Gesellschaft überleben, wenn es das nicht täglich gäbe: Einer für den anderen – umsonst und freiwillig und ohne die Frage: Was bekomme ich dafür? Was habe ich davon?
Einer für den anderen – das gibt es täglich. Wenn einer Überstunden macht, um den kranken Kollegen zu entlasten, wenn einer den Fehler eines anderen auf sich nimmt und schweigt. Einer für den anderen – das kann ich nicht fordern, das bekomme ich geschenkt. Weil es Zeichen der Liebe gibt, können wir leben.
Maximilian Kolbe, der in Auschwitz für einen Familienvater in den Hungerbunker ging, verschenkte sein Leben und wurde zum Zeichen der Liebe.

Zum Beispiel In Polen lebt der 70-jährige Rentner Franz Gajowniczek. Für ihn ist 1941 der Franziskanerpater Maximilian Kolbe im Konzentrationslager Auschwitz gestorben. Gajowniczek beschreibt seine Rettung so:
Nach der Flucht eines Häftlings wurde sofort im ganzen Lager Alarm gegeben. Am Abend kam der Lagerkommandant von

Auschwitz, Oberst Fritsch, zum Appellplatz. „Da der Gefangene, der geflohen ist, nicht gefunden wurde, werden jetzt zehn von euch sterben."
Er schritt an uns vorbei. Hin und wieder nannte er Nummern von Häftlingen. Als er vor mir stehen blieb, sagte er nur: 5659 – meine Nummer. Einige Sekunden vergingen – alles schien zu Ende. Da trat plötzlich Pater Kolbe aus der Reihe. „Was will dieses Polenschwein?", schrie Oberst Fritsch. „Ich bin Priester", antwortete Kolbe. „Ich möchte seinen Platz einnehmen" – und dabei zeigte er auf mich. – „Er hat Frau und fünf Kinder."
Erst zögerte der Lagerkommandant, dann schrie er: „Akzeptiert!"
Ich wurde in die Reihen zurückgescheucht, ohne auch nur Zeit zu finden für ein einziges Wort an Pater Maximilian.
Ich möchte aufrichtig sein: Lange Zeit habe ich beim Gedanken an Kolbe Gewissensbisse gehabt. Als ich die Rettung annahm, besiegelte ich seinen Tod.
Die zehn Häftlinge kamen in den Todesbunker. Sooft Gefangene darin verhungerten, hörte man ihr Schreien tagelang im Lager. Diesmal hörte man sie den Rosenkranz beten. Der Letzte, der noch lebte, war Kolbe. Eine Spritze Karbolsäure beendete sein Leben.

40. Tag

Heilsgeschichte – Geschichte einer Freundschaft

Wort der Schrift „Hiermit schließe ich meinen Bund mit euch und mit euren Nachkommen und mit allen Lebewesen bei euch, mit den Vögeln, dem Vieh und allen Tieren des Feldes, mit allen Tieren der Erde, die mit euch aus der Arche gekommen sind. Ich habe meinen Bund mit euch geschlossen: Nie wieder sollen alle Wesen aus Fleisch vom Wasser der Flut ausgerottet werden; nie wieder soll eine Flut kommen und die Erde verderben. Und Gott sprach: Das ist das Zeichen des Bundes, den ich stifte zwischen mir und euch und den lebendigen Wesen bei euch für alle kommenden Generationen: Meinen Bogen setze ich in die Wolken; er soll das Bundeszeichen sein zwischen mir und der Erde. Balle ich Wolken über der Erde zusammen und erscheint der Bogen in den Wolken, dann gedenke ich des Bundes, der besteht zwischen mir und euch und allen Lebewesen … Steht der Bogen in den Wolken, so werde ich auf ihn sehen und des ewigen Bundes gedenken zwischen Gott und allen lebenden Wesen …“ (Gen 9,9-16).

Wort in den Tag „Um unseres Heiles willen ist er vom Himmel herabgestiegen“, heißt es im Glaubensbekenntnis. Heilsgeschichte ist eine Sehnsuchts-Geschichte Gottes nach uns. Heilsgeschichte ist eine Liebeserklärung Gottes an uns Menschen.
Wenn ich die Bibel richtig verstanden habe, dann ist der Gott, den sie verkündet, keine kalte, stumme Himmelsmacht, kein Gott auf Distanz. Er thront nicht fern über den Wolken. Nein, Gott schließt einen Bund mit seinem Volk. Er macht sich verletzbar in seiner Liebe. Er hat leidenschaftliches Interesse an uns Menschen. Er leidet am Abfall des Volkes. Er ist sogar eifersüchtig.
Als Theologiestudent fand ich die Vorstellung von einem Gott, der eifersüchtig und zornig ist, allzu menschlich. Ich meinte, man müsste das Gottesbild von diesen anthropomorphen Bildern reinigen. Der transzendente, abstrakte Gottesbegriff schien mir der Wirklichkeit mehr zu entsprechen. Später habe ich begriffen, dass solche Theorien und Abstraktionen den Glauben verküm-

mern lassen. Heute höre ich gerne andere Worte und nehme sie in mich auf. Jahwe spricht: „Kann denn eine Frau ihr Kindlein vergessen, eine Mutter ihren leiblichen Sohn? Und selbst wenn sie ihn vergessen würde: ich vergesse dich nicht" (Jes 49,15; vgl. 1 Kön 3,26; Jer 31,20).

Heilsgeschichte ist eine Geschichte der Freundschaft zwischen Gott und Mensch. Sie ist eine Beziehungsgeschichte Gottes mit uns Menschen. Am Anfang zeigt Gott sich im brennenden Dornbusch. Aus dem Feuer, das brannte und nicht verbrannte, offenbart er seinen Namen für alle Generationen: „Ich bin der Ich-bin-da" (Ex 3,14).

Jahwe ist ein Gott, der Anteil nimmt, der sich einlässt auf unsere Geschichte. Der Schrei der Geknechteten und Gequälten dringt an sein Ohr. Das lässt ihn nicht gleichgültig. Im Buch Exodus heißt es: „Der Herr sprach: Ich habe das Elend meines Volkes in Ägypten gesehen und ihre laute Klage über ihre Antreiber habe ich gehört. Ich kenne ihr Leid. Ich bin herabgestiegen, um sie der Hand der Ägypter zu entreißen und aus jenem Land hinaufzuführen in ein schönes, weites Land, in ein Land, in dem Milch und Honig fließen" (Ex 3,7-8).

Ist das nicht eine wichtige Zusage auch für unsere Zeit: ein Gott, der an unserer Not Anteil nimmt? Der uns freundschaftlich verbunden ist? Ein Gott als Wegbegleiter durch alle Höhen und Tiefen des Lebens, der uns nicht im Stich lässt? Ein Gott, der ein leidenschaftliches Interesse an uns hat?

Er engagiert sich für sein Volk. Er schließt seinen Bund mit Israel, das immer wieder abfällt und den Götzen verfällt. Um seiner eigenen Treue willen schließt Gott neu seinen Bund.

Schließlich sendet er seinen eigenen Sohn: „Gott hat die Welt so sehr geliebt, dass er seinen einzigen Sohn hingab, damit jeder, der an ihn glaubt, nicht zugrunde geht, sondern das ewige Leben hat" (Joh 3,16). Kreuz und Auferstehung sind der Gipfel der leidenschaftlichen Beziehungsgeschichte Gottes mit uns Menschen. Das Schlüsselwort zum Verständnis der Liebe Gottes zu uns hören wir in jeder Eucharistiefeier: „pro vobis" – für euch hingegeben. Christus riskierte sein Leben für uns. „Es gibt keine größere Liebe, als wenn einer sein Leben für seine Freunde hingibt" (Joh 15,13).

Religion ist das Suchen der Menschen nach Gott. Jesus Christus ist das Suchen Gottes nach uns Menschen. Im Herzen der Botschaft Jesu befindet sich der Mensch. Er ist das Ziel der Inkarnation und der Erlösung. Der Mensch ist „Angelpunkt“ des Reiches Gottes. Der Ort in der Welt, an dem Gott gegenwärtig ist, ist der Mensch. Das Christentum ist die Religion einer Freundschaftsgeschichte zwischen Gott und Mensch.

Zum Beispiel

Gottes Freundschaft

ICH
Habe meinen Bogen
In die Wolken gestellt
Zeichen
Meines Bundes
Mit der Erde
Mit allem
Was lebt
Mit meinem Volk
Und mit dir

Freundschaft
Hab ich gestiftet
Freundesgabe
Meine Schöpfung

Mein Versprechen
Sommer und Winter
Wird sein
Frost und Hitze
Saat und Ernte
Tag und Nacht

Freundschaft
Hab ich gestiftet

IM
TOD
AM KREUZ

Meines Bundes
Gedenkend
Schreib ICH
Im Regenbogen
Mit glühenden Lettern
Den Eid meiner Liebe
Den Eid des Freundes
ICH
Ein Gott
Der liebt

EDELTRAUD BÜLOW

Maria Magdalena

Ostern

Maria Magdalena

Wort der Schrift „Am ersten Tag der Woche kam Maria von Magdala frühmorgens, als es noch dunkel war, zum Grab und sah, dass der Stein vom Grab weggenommen war. Da lief sie schnell zu Simon Petrus und dem Jünger, den Jesus liebte, und sagte zu ihnen: Man hat den Herrn aus dem Grab weggenommen und wir wissen nicht, wohin man ihn gelegt hat ...
Maria stand draußen vor dem Grab und weinte. Während sie weinte, beugte sie sich in die Grabkammer hinein. Da sah sie zwei Engel in weißen Gewändern sitzen, den einen dort, wo der Kopf, den anderen dort, wo die Füße des Leichnams Jesu gelegen hatten. Die Engel sagten zu ihr: Frau, warum weinst du? Sie antwortete ihnen: Man hat meinen Herrn weggenommen und ich weiß nicht, wohin man ihn gelegt hat. Als sie das gesagt hatte, wandte sie sich um und sah Jesus dastehen, wusste aber nicht, dass es Jesus war. Jesus sagte zu ihr: Frau, warum weinst du? Wen suchst du? Sie meinte, es sei der Gärtner, und sagte zu ihm: Herr, wenn du ihn weggebracht hast, sag mir, wohin du ihn gelegt hast. Dann will ich ihn holen. Jesus sagte zu ihr: Maria! Da wandte sie sich ihm zu und sagte auf Hebräisch zu ihm: Rabbuni!, das heißt: Meister. Jesus sagte zu ihr: Halte mich nicht fest; denn ich bin noch nicht zum Vater hinaufgegangen. Geh aber zu meinen Brüdern und sag ihnen: Ich gehe hinauf zu meinem Vater und zu eurem Vater, zu meinem Gott und zu eurem Gott. Maria von Magdala ging zu den Jüngern und verkündete ihnen: Ich habe den Herrn gesehen. Und sie richtete aus, was er ihr gesagt hatte" (Joh 20,1-2.11-18).

Wort in den Tag

Trauer und Trost einer Freundin

Ich habe geweint und habe ihn nicht erkannt.
Ich habe geweint. Das Grab war leer.
Sie haben mir nicht einmal einen Ort gelassen,

wo ich mich an unsere wunderbare Freundschaft erinnern darf.
Alle Trauernden wünschen sich doch ein Grab, das sie pflegen dürfen.
Man hat mir alles genommen.

Ganz früh lief ich zum Grab.
Ich wollte ihm in meiner Verzweiflung ganz nah sein.
Wo sollte ich sonst hin? Schlafen konnte ich nicht.

Der Stein war weggewälzt.
Im ersten Augenblick dachte ich an ein Wunder.
Da war nichts. Das Grab war leer.
Meine Träume konnte ich begraben.
Dem Strom meiner Tränen ließ ich freien Lauf.

Im Grab sah ich die Engel.
Aber mit ihrer Frage: „Warum weinst du?“, konnte ich nichts anfangen.
Engel müssten doch meinen Schmerz verstehen.
„Man hat meinen Herrn weggenommen.“ Man hat mir alles weggenommen.

Ein Weinkrampf schüttelte mich. Ich wandte mich um.
Da stand der Gärtner vor mir.
Und wieder diese Frage: „Frau, warum weinst du? Wen suchst du?“
Das ist doch klar. Wen sollte ich schon suchen?
Meinen Schatz, meinen Freund,
mein einziger Lebensinhalt!
„Sag mir, wohin du ihn gebracht hast. Ich will ihn holen.“
Die kläglichen Reste, die von ihm bleiben, will ich in Ehren halten.

Ich weinte fassungslos in meinem Schmerz.
Meine Augen sind blind. Alles verschwimmt im Tränenstrom.
Ich sah den Gärtner wie hinter einem Schleier.
Ich sah ihn an und erkannte ihn nicht.
Wie ist das möglich, dass ich ihn nicht erkannte?
Tag für Tag habe ich ihn begleitet. Jede Bewegung war mir vertraut.
Ich suchte ihn. Er stand vor mir. Ich aber erkannte ihn nicht.
Wie ist das möglich?

„Maria!“, sagt er. „Maria!“
Wie er meinen Namen ausspricht, jubelt alles in mir.
Er ist es! Der Klang seiner Stimme ist unverwechselbar.
Sie ist mir so vertraut. Alle Erinnerungen werden lebendig in mir.
„Maria!“ In unendlicher Zärtlichkeit weckt er mich neu zum Leben auf.
Der Name ist heilig und wie ein Sakrament. Er bewirkt, was er bedeutet.
Mit meinem Namen wurde ich vom Schöpfer erschaffen.
Und wo die Liebe meinen Namen nennt, ist sein Klang für die Ewigkeit.

Seine Stimme nahm den verweinten Augen die Blindheit.
Ich sah ihn. Ich wollte ihn halten und nie mehr loslassen.
Ich durfte ihn nie mehr verlieren, meinen Freund, den ich ewig suchen werde.

„Halte mich nicht fest!“, sagte er. Ich wollte ihn aber berühren.
Denn mein Herz war ganz berührt durch ihn.
Ich möchte ihn lieb haben. Ich möchte ihn festhalten, für mich behalten.
„Ich bin noch nicht zum Vater hinaufgegangen“, sagte er.
Er ist kein Privatbesitz. Das habe ich begriffen.
Er ist für Gott da und auch für uns alle.

„Halte mich nicht fest!“ Und er fügte sofort hinzu: „Geh!“
Er schickte mich weg. „Geh zu meinen Brüdern!“
Er sandte mich, damit meine Trauer beendet sei.
Mir, der Frau, traute er das zu. Er machte seine Freundin zur Apostelin.
Könnt ihr euch das vorstellen, wie ich jedem in Jerusalem zurief:
„Ich habe den Herrn gesehen!“
Meinen Freunden brauchte ich es gar nicht zu sagen.
Die sahen es mir an. Die dachten: Was ist mit der passiert?

ERICH PURK

Quellennachweis

S. 13: Isabella Schneider, Freundschaft, © Isabella Schneider, Biberbach-Markt.

S. 17 f.: Zum Text „Zum Beispiel“ vgl. Antoine de Saint-Exupéry, Der kleine Prinz, Karl Rauch Verlag.

S. 27: Zum Begriff „Einheit der Herzen“ vgl. Elisabeth Hense, Freundschaft und Liebe irdisch und himmlisch, Verlag Katholisches Bibelwerk, Stuttgart 2003.

S. 29: Zum „Wort in den Tag“ vgl. Martin Buber, Ich und Du. Sowie: Elisabeth Hense, Freundschaft und Liebe irdisch und himmlisch, a.a.O. S. 41.

S. 30: Zum Text „Zum Beispiel“ vgl. Aelred von Rieval, Liber de spirituali amicitia. In: Ders., Über die geistliche Freundschaft, Spee-Verlag, Trier 1978, S. 31.

S. 33f: Ulrich Bach, Alfons war ein Tippelbruder, in: Ders., Millimetergeschichten. © Verlag Vandenhoeck & Rupprecht, Göttingen 1981.

S. 46: Dorothee Sölle, Für die jungen Genossen, in: Spiel doch von Brot und Rosen, © Wolfgang Fietkau Verlag, Kleinmachnow 1981.

S. 57 f.: Aelred von Rieval, Über die geistliche Freundschaft – aus dem zweiten Buch: „Liber de spirituali amicitia“, Spee-Verlag, Trier 1978.

S. 63: Zum Wort in den Tag vgl. auch: Wolfgang Müller-Welser, Über die Freundschaft, Freiburg i. Br. 1989.

S. 63 f.: Klemens Nodewald, Einwanderungsland Himmel, in: Ders., Applaus für den Zitronenfalter, S. 81, © Verlag Herder, Freiburg i. Br. 2002.

S. 73: Manfred Fischer, Freundschaft, © Manfred Fischer, Mannheim.

S. 80 f.: „Der Schuster Martin“ nach der Erzählung „Wo Liebe ist, da ist Gott“ von Leo Tolstoi.

S. 89 f.: Zum Text „Zum Beispiel“ vgl. Ursula Adams/Erich Purk (Hrsg.), Verriegelte Türen öffnen, Nichtsesshafte finden ein Zuhause, Verlag Modernes Lernen, Dortmund 1987.

S. 92 ff.: Zu den Texten unter „Zum Beispiel“ vgl. J.-F. Six, Charles de Foucauld, S. 67; www.taize.fr; Carlo Caretto, In deiner Stadt ist deine Wüste, Geistliche Erfahrungen, Freiburg i. Br. 1978; und: http://jerusalem.cef.fr/de/de_21tous.html; www.gastkirche.de; und: Bernhard Lübbering/Georg Möllers, Vom Armen-

Gasthaus zur City-Pastoral, 600 Jahre Gastkirche und Gasthaus in Recklinghausen, Verlag R. Winkelmann, Recklinghausen 2003; Christian Herwartz in: Gastfreundschaft, 25 Jahre Wohngemeinschaft Naunynstraße, www.con-spiration.de/wg-naunynstrasse.

S. 101 f.: Zum „Wort in den Tag" vgl. Elisabeth Hense, Freundschaft und Liebe, Verlag Katholisches Bibelwerk, Stuttgart 2003, S. 35; sowie: Aelred von Rieval, De spirituali amicitia, liber 1, linea 4.

Zum Text „Zum Beispiel" vgl. Aelred von Rieval, De spirituali amicitia, liber 3, linea 128 und 1076.

S. 103 f.: Zitat Staupitz vgl. Auslegung von 1 Mose 26, 9 in: Martin Luther, Sämtliche Werke, hg. v. Joh. Georg Walch, II. Bd., Nachdruck der 2. überarbeiteten Auflage, St. Louis, Missouri, USA 1880–1910, Groß Oesingen 1986, S. 181.

Zum Text „Zum Beispiel" vgl. Brief an Matthias Weller, 7. Oktober 1534, in: Martin Luther, Ausgewählte Schriften, hg. von Karin Bornkamm und Gerhard Ebeling, 6. Bd. Briefe, Auswahl, Übersetzung und Erläuterungen von Johannes Schilling, 2. Auflage 1983, Frankfurt a. M., S. 162 f.

S. 105 f.: Zu den Begriffen „Freundschaftsdienst der Wahrheit" und „Fürbitte füreinander" vgl.: „Wärest Du dagewesen, Eberhard, Du hättest als einziger mir den Freundschaftsdienst der Wahrheit erwiesen. ... Die Eltern und auch Maria muss ich schonen; Dir werde ich nichts vormachen und Du mir auch nicht. Das haben wir früher nicht getan und wollen es nie tun." Brief an Eberhard Bethge v. 18.–22.12.1943, Dietrich Bonhoeffer Werke 8 (Widerstand und Ergebung, Briefe und Aufzeichnungen aus der Haft), Gütersloh 1998, S. 251. Sowie: „Laß uns einander versprechen, treu in der Fürbitte füreinander zu bleiben. Ich werde für Dich um Kraft, Gesundheit, Geduld und Bewahrung vor Konflikten und Versuchungen bitten. Bitte Du für mich um das gleiche. Und wenn es beschlossen sein sollte, daß wir uns nicht wieder sehen, dann laß uns bis zuletzt in Dankbarkeit und Vergebung aneinander denken, und Gott möge es uns dann schenken, daß wir einst füreinander bittend und miteinander lobend und dankend vor seinem Thron stehen." Brief an Eberhard Bethge v. 18.11.1943, DBW 8 (Widerstand und Ergebung), S. 191.

Gedicht „Der Freund": DBW 8 (Widerstand und Ergebung), S. 585 ff.

Zum Zitat „Zum Beispiel“: Brief an Eberhard Bethge v. 30.11.1943, DBW 8 (Widerstand und Ergebung), S. 216.

S. 107ff.: Tagebucheinträge zitiert nach: Etty Hillesum, Das denkende Herz, Die Tagebücher von Etty Hillesum 1941–1943, Hg. und eingeleitet von J.G. Gaarlandt, aus dem Niederländischen von Maria Csollány, Reinbek 19. Auflage 2006, S.172, 160, 204, 216.
Zum 10.10.1942: „Ich glaube, ich kann alles in diesem Leben und in dieser Zeit tragen und verarbeiten. Und wenn mein Ungestüm zu groß ist und ich mir keinen Rat mehr weiß, dann bleiben mir noch immer die gefalteten Hände und das gebeugte Knie. Es ist eine Gebärde, die für uns Juden nicht von einem Geschlecht auf das andere überliefert wurde. Ich habe sie mühsam erlernen müssen.“

S. 111: Text „Zum Beispiel" aus dem Schwedischen, Quelle unbekannt.

S. 116f.: Gedicht unter „Zum Beispiel": Edeltraud Bülow, Dem Freunde, bisher unveröffentlicht, vgl. Joh 15,13ff.; Ps 96,12; Jes 44,23; Ps 90, © Edeltraud Bülow, Münster.

S. 118f.: Zum „Wort in den Tag“ vgl. Theresia von Avila, Leben 8,5. Sowie: Thomas Dienberg, Erich Purk, Kurt Weigel (Hrsg.), Wasser, schenk mir dein Geheimnis, Der spirituelle Fastenbegleiter, Verlag Katholisches Bibelwerk, Stuttgart 2004, S. 110f.

S. 119f.: Text „Zum Beispiel" aufgeschrieben von Schwester Alexa Weißmüller OSF, Obdachlosenseelsorgerin in Köln.

S. 126: Zum Text „Zum Beispiel“, Zitate aus: Silja Walter, Gebet des Klosters am Rande der Stadt.

S. 132f.: Gedicht unter „Zum Beispiel": Edeltraud Bülow, Gottes Freundschaft, bisher unveröffentlicht, vgl. Gen 8,22; Gen 9,13; Weish 11,26, © Edeltraud Bülow, Münster.

Bildnachweis

Fotografien von Christophorus Goedereis, 42 Jahre, Kapuziner, Provinzialminister der Rheinisch-Westfälischen Kapuzinerprovinz mit Sitz in Frankfurt am Main, Amateurfotograf. www.goedefotos.com

S. 9: 3. Fastenwoche: „Big apple"
Foto: Ein Schwarzer und ein Weißer unter dem „big apple" in New York Manhattan. Aufgenommen: April 2006.

S. 23: 1. Fastenwoche: „Anlehnungsbedürftig"
Foto: Kinderheim der Reuter Franziskanerinnen auf der Insel Nias in Indonesien. Aufgenommen: Februar 2006.

S. 41: 2. Fastenwoche: „Berührt"
Foto: Meditativer Tanz der Klarissen-Kapuzinerinnen auf der Insel Nias. Aufgenommen: Oktober 2007.

S. 55: Aschermittwoch: „Beziehung der besonderen Art"
Foto: Dreifaltigkeitsdarstellung in der Kirche in Urschalling am Chiemsee. Aufgenommen: Oktober 2007.

S. 75: 4. Fastenwoche: „Gastfreundschaft"
Foto: Eine große Muschel beherbergt und schützt eine kleine – am Strand von Zandvoort in den Niederlanden. Aufgenommen: August 2007.

S. 97: 5. Fastenwoche: „Geistliche Freundschaft"
Foto: Der hl. Franziskus und der hl. Dominikus waren Zeitgenossen, haben ihre beiden Brüdergemeinschaften zur selben Zeit gegründet und sind sich oft begegnet. Aufgenommen: Mai 2006, Kapuzinerkloster Valetta auf Malta.

S. 113: Karwoche: „Broken heart"
Foto: Grabplatte im Fußboden der „Oude Kerk" (Alte Kirche) in Amsterdam/Niederlande. Aufgenommen: Juli 2006.

S. 135: Ostern: „Hemma"
Foto: Dom zu Gurk in Österreich am Grabmal der hl. Hemma von Gurk.

© Christophorus Goedereis

S. 20: Christus und Menas, 6. Jahrhundert, Paris, Louvre

S. 121: Johannesminne, um 1310, Klosterkirche Heiligkreuztal
Fotos: Archiv E. Purk